KB119842

회사에서 말투 하나 바꿨을 뿐인데

누구도 상처받지 않고 성과도 높이는 일터의 언어 55

회사에서 말투 하나 바꿨을 뿐인데

하라다 마사시 지음 | 장은주 옮김 | 이시이 료스케 감수

위즈덤하우스

스스로 성장하려는 당신을 위한
회사 말투의 기본서

말에는 에너지가 있습니다. 말투는 이 에너지를 어떻게 활용하느냐에 관한 것입니다. 나의 말이 상대방에게 힘으로 작용할지, 아니면 고통으로 느껴질지는 말투에 의해서 결정됩니다. 무슨 말을 해도 행복감을 느끼게 하는 사람도 있지만 그 어떤 말을 해도 좌절만 주는 사람이 있는 것이 그 사례일 겁니다. 결국 말투 덕분에 존경받는 사람과 말투 때문에 아무도 찾지 않는 사람, 이렇게 두 부류로 나뉘게 됩니다.

회사는 말과 말투로 인한 성장과 좌절이 더 극명하게 나타나는 곳입니다. 학벌, 역량 등이 충만함에도 불구하고 인사고과에서 불이익을 받고, 승진에서 탈락하며, 결국 인정받지 못하는 사람이 있는 반면 특별히 뛰어난 실력이 있는 것 같지 않음에도 늘 인사고과 A등급을 받고, 동료보다 먼저 승진하며 더 많은 연봉을 받는 사람이 있는 이유에는 말과 말투를 어떻게 조직 내에서 보여주는가에 따른 경우가 너무나 흔합니다.

일상에서의 말투도 중요합니다. 하지만 실제로 그 의미가 더 큰 환경은 비즈니스 커뮤니케이션에서일 겁니다. 오늘날 기업은 조직 구성원 개인이 혼자서 할 수 있는 일이 거의 없습니다. 세분화된 기능의 조직 구성 때문입니다. 당연히 협업이 필요한데 이때 협업할 수 있는 사람이란 서로에게 밸류Value, 즉 가치를 제공하면서도 대화가 되는 사람입니다. 가치와 기준이 다른 사람이 모여 있는 조직에서 대화가 통할 수 있게 하는 힘, 이것이 비즈니스 환경에서의 말투일 겁니다.

회사에서는 일반적인 대화, 즉 친구나 부모를 대할 때와는 말과 말투가 달라야 합니다. 비즈니스 커뮤니케이션이 적용되는 시간과 장소이므로 그에 맞는 언어가 요구됩니다.

그런데 우리는 이런 회사에서의 말과 말투를 따로 배운 적이 없습니다. 대학에서도 심지어는 회사에 입사해도 말입니다. 이 역시 '각자도생'으로 알아차리고 깨우치고 또 실행해내야 합니다. 안타깝지만 이것이 우리 회사 생활의 현실이기도 하니까요.

다행히 《회사에서 말투 하나 바꿨을 뿐인데》에서 우리 회사원의 말과 말투의 정석을 찾을 수 있게 되었습니다. 책 첫 부분에 나오는 '말하기 쉬움, 서로 돕기, 도전, 다름 환영' 네 가지 요소만 이해하고 실행해보는 것만으로도 오늘 당장, 당신을 바라보는 상대방의 달라진 표정을 느끼게 될 수 있을 겁니다. 장기적이 아닌 단기적인 처방으로도 훌륭하고 매력적인 말과 말투를 배울 수 있습니다.

이 책에서 당신에게 권하는 회사 말투의 기술들, 예컨대 아침 인사를 할 때 상대방 이름을 붙인다든지, 도움을 받았을 때 구체적으로 무엇을 도움받았는지 말하기 등 회사 생활의 '꿀팁'을 얻어가길 바랍니다. 저는 저자가 제안하는 심리적 안정감을 위한 4단계 인정의 말투, '① 성과 인정 ② 행동 인정 ③ 성장 인정 ④ 존재 인정'을 활용해보기로 결심했습니다. 어떻게 하는 것이냐고요? 직접 책에서 확인해보시죠.

이 책은 실질적인 솔루션으로 가득합니다. 이유는 저자가 오랫동안 회사 생활을 하면서 자신의 말과 말투에 관심을 가지고 개선하며 극복하는 과정에서 회사에서 해야 할 말투를 정리했기 때문입니다. 저자 역시 말 때문에 실패한 경험이 있었답니다. 특히 리더 자리에 있을 때 부하 직원을 향해 "왜?", "이런 말은 하고 싶지 않지만", "어떻게 된 거야?"처럼 나무라고 따지는 말투에 익숙했었다고 합니다.

'실패를 실패시킨다'라는 말이 있습니다. 이 책은 어쩌면 저자에게 일종의 반성문과 같은 경험으로 가득합니다. 다행히 개선의 노력으로 실패를 극복했기에 책의 모든 부분이 좀 더 현실적으로 다가오는 게 아닌가 합니다. 저자는 말합니다.

"말은 때론 사람을 구하고 때론 사람에게 상처 입힌다."

회사원이 된 우리들, 이왕이면 말투 덕분에 좋은 사람으로 인정받는 게 좋지 않겠습니까. 이 책이 회사에서의 당신의 성장과 발전에 꽤 괜찮은 말투 도구로 활용되기를 기대합니다.

– **김범준** 《모든 관계는 말투에서 시작된다》 저자

심리적으로 안전한 말을 하면
사람도 성과도 따라온다

당신은 어떤 생각으로 이 책을 손에 넣었는가? '심리적 안정감이라는 키워드가 눈길을 끌었다!', '배우고 싶다!' 이런 뜨거운 학구열로 이 책을 펼친 분이 있는가 하면 '팀이나 조직을 업그레이드하고 싶다', '회의를 더 활성화하고 싶다', '후배를 성장시키고 싶다', '상사와 지금보다 더 잘 지내고 싶다', '고객과 내실 있는 상담을 원한다'처럼 다양하고 절실한 고민을 안은 분도 있을 것이다.

이 책은 그런 팀이나 조직 그리고 인간관계를 개선하려는 의지를 가진 분들을 위한 책이다.

'심리적 안정감'은 지금 많은 주목을 받고 있다. 몇 해 전까지는 일부 앞서가는 인사 담당자들의 탐구 영역이었지만, 현재는 전통적인 대기업 경영진까지 포함해 그 중요성이 날로 더해가고 있다. 실제로 내가 이사로 재직 중인 젠테크 ZENTech에서도 누구나 알 만한 상장 기업의 임원 연수 참관인을 비롯해, 관공서로부터도 조직개발과 인재 개발에 관한 상담이 쏟아지고 있다.

이 책의 저자 하라다 마사시 씨는 젠테크에서 시니어 컨설턴트로 재직 중이다. 처음에는 객원 컨설턴트로 연을 맺었는데, 순식간에 구성원들의 신뢰를 얻으며 심리적 안정감과 의견이 넘치는 팀을 만들어주었다. 구체적으로는 막 입사한 구성원들로부터 "이 고객은 제가 관리하겠습니다", "재무팀이 바쁘니 이 툴의 도입을 검토했으면 합니다"와 같은 자발적인 지원이나 제안이 쇄도한다.

하라다 씨는 현재 영업 부문을 총괄하며 고객과의 상담, 심리적 안정감 관련 연수, 조직개발 컨설팅, 관리직을 위한 코칭까지 전방위에서 활약하고 있다. 하라다 씨에게는 다음과 같은 평판이 줄을 잇는다.

"하라다 씨가 가르쳐준 대로 심리적 안정감이 높은 말을 건넸더니 신입 사원이 마음을 열기 시작했습니다."

"하라다 씨께 코칭 받은 말투를 의식적으로 사용했더니 회의에서 자유롭게 의견을 나누게 되었습니다."

"연수를 받고 끝이 아니라 전사적으로 미래를 함께 생각하는 계기가 되었습니다."

이 책에서 소개하는 '말'은 탁상공론이 아닌 하라다 씨 자신이 일하는 중에 그리고 고객과 친분을 쌓아가는 중에 실천해온 말이다. 또한 고객의 팀에서도 사용해 확실하게 성과를 검증받았다. 그러니 이 책을 배움과 실천의 교재로 활용해 심리적으로 안전한 성과가 높은 팀을 만들어나가기를 응원한다.

– 이시이 료스케 주식회사 ZENTech 이사

차례

1장 사소하지만 일터의 분위기를 바꾸는 말투

말투 하나로 팀이 달라지기 시작했다

- 회의에서 의견을 말하라고 하면 침묵만 흐른다.

- 실수를 감추는 팀원이 있다.

- 역할 분담이 제대로 되지 않아 팀 내 인간관계가 무너졌다.

- 자신이 속한 그룹만 실적이 떨어지고 있다.

이 책에서 소개하는 말투를 사용하면 정말로 이런 문제들을 개선하고 해소할 수 있다. 어떻게 그런 일이 가능할까? 그 이유는 이 책에서 엄선한 55개의 말이 '심리적 안정감'을 확보하기 때문이다. 심리적 안정감이 있으면 누구나 솔직하게 자기 생각을 말할 수 있다. 말하기 어려운 실수나 문제도 바로 공유할 수 있고 새로운 도전이 늘어 일하면서 만족감이나 충족감이 채워진다. 개개인의 업무의 질은 향상되고 팀 전체의 학습이 촉진되어 결과적으로 성과로 이어지기 쉽다. 변화가 격심한 요즘 시대에 팀이 힘을 합해 최고의 성과를 내려면 단언컨대 '심리적 안정감'이 확보된 일터 환경을 목표로 해야 한다.

심리적 안정감이란?

이 말이 등장한 시기는 1965년으로 조직 용어로 사용되던 말이었다. 그 후 《두려움 없는 조직》의 저자 하버드대학교 에이미 에드먼드슨 교수가 팀에 응용해 "팀원이 업무와 관련해 그 어떤 의견을 제기하더라도 벌을 받거나 보복을 당하지 않을 거라고 믿는 조직 환경"이라고 정의했다.

구글 또한 '아리스토텔레스 프로젝트(구글은 2년이 넘는 시간 동안 200명 이상의 구글러를 인터뷰하고 180개 이상의 팀을 분석하면서 최고의 성과를 내는 팀이 지닌 5가지 성공 요인을 도출해냈다. 5개 요인 각각은 '심리적 안정감, 신뢰성, 조직구조와 투명성, 일의 의미, 일의 영향력'이었으며 가장 중요한 성공 요인은 '심리적 안

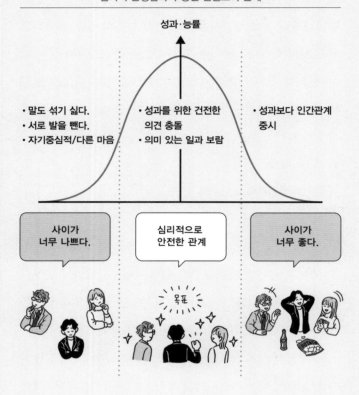

심리적 안정감과 구성원 친밀도의 관계

정감'이었다. - 옮긴이)'를 실행하던 중에 재발견하여 심리적
안정감이야말로 일 잘하는 팀을 만들기 위한 전제 조건이라
는 결과를 발표하며 주목받았다.

심리적 안정감은 단순히 팀원의 사이가 좋은 것을 뜻하지 않는다. 사이가 너무 좋은 나머지 현재의 인간관계 유지를 우선해서 할 말을 제대로 하지 못한다면 성과는 오르지 않는다. 심리적 안정감이 높은 팀이란, 사이가 너무 나쁘지도 좋지도 않으면서 목표나 성과를 위해 건전한 의견 충돌을 일으키는 팀이다.

심리적 안정감을 확보하는 네 가지 요소

이 심리적 안정감을 확보하는 구성 요소는 어떻게 만들어질까. 내가 시니어 컨설턴트로 근무하는 젠테크는 조직문화, 업무방식, 직장환경에 맞춰 '심리적 안정감'을 높이기 위해 매진해왔다.

독자적인 통계조사 시스템을 개발하여 600팀 이상의 조직을 측정하고 검증한 결과, 심리적 안정감을 높이는 중요한 구성 요소를 찾아냈다. '말하기 쉬움', '서로 돕기', '도전', '다름 환영' 네 가지 요소다. 조직이나 팀에 심리적 안정감이 있을 때 이 네 가지 요소가 높아진다고 보면 된다. 변화가 심하고 정답이 없는 시대인만큼, 팀이 하나 되어 지혜를 쌓고 연구를 거듭하며 많은 아이디어를 내기 위해서라도 심리적 안정감은 중요하다. 이 네 가지 요소는 이를 위한 지침이다. 아래 네 가지 요소를 팀에 도입해보자.

심리적 안정감을 만드는 네 가지 요소

① 말하기 쉬움: 제 의견은 다릅니다만!

당연히 잡담을 포함해 정보 공유가 빈번하게 이뤄지는 환경이 좋다. '말하기 쉬움' 요소에서는 정보 공유의 양과 더불어 질도 중요하다. 당신의 팀은 기존 서비스의 반응이 떨어지는 징후 등 불편하지만 필요한 진실을 말하고 공유하도록 환영받는 환경인가?

② 서로 돕기: 곤란한 일이 생겼어요. 알려줘서 고마워요!

팀워크의 기본이 되는 요소로 서로 도울 수 있는 환경이다. 리더나 동료와의 면담이 일상적으로 가능하고 실수나 트러블이 생겼을 때 개인을 비난하지 않고 해결을 위해 건설적인 대화를 할 수 있다. 특히 당신이 리더나 선배라면 모르는 것을 후배에게 허심탄회하게 묻거나 부담 없이 도움을 청할 수 있는지 돌아보기를 바란다.

③ 도전: 멋진 도전이에요. 시도 자체가 훌륭해요!

도전이 목표라고 언급하는 조직에서도 실제로 환영받는 것은 대부분 도전 그 자체가 아닌 성공이다. 도전의 결과가 나오기 전에 먼저 도전 그 자체를 환영할 수 있는 주위 환경이 중요하다. 도전 요소가 높으면 아이디어나 기획이 나오기 쉬워 팀의 도전 총량을 늘릴 수 있다.

④ 다름 환영: 지금까지 그런 관점은 없었어요!

개인의 고유성에 초점을 맞춘 요소다. 조직이나 팀 때론 사회나 업계의 상식에 얽매이지 않고 팀원 개개인의 새로운 관점과 발상을 받아들여 오히려 '다름'을 환영하는 환경이다. 뛰어난 조직과 팀을 만드는 데 이 다양성을 능숙하게 활용해보자.

심리적 안정감을 가장 간단하고 효율적으로 구축하는 방법은 직장에서 사용하는 말투부터 바꾸는 것이다. 이 책에서는 직장에서 자주 일어나는 장면을 엄선하여 '말'이라는 도구를 통해 심리적 안정감을 높여가는 방법을 전한다.

대담한 개혁도 비용이 드는 투자도 필요 없다. 평소 당신이 사용하는 말을 조금만 바꿔도 심리적 안정감이 높은 팀을 만들 수 있다. 주체적으로 팀을 이끌어야 하는 리더는 물론이고, 위치나 역할에 상관없이 팀원 한 사람 한 사람 모두가 이 책에서 소개하는 말을 꼭 활용해보기를 바란다. 바로 오늘 당신이 사용하는 말 한마디부터 바꿔보자.

회사에서 그동안 이렇게 말했다면

당신의 일터에서 다음과 같은 말을 사용하고 있지는 않은가? 잠깐 점검하고 시작하자!

1. 면담을 청한 팀원에게 "일단 <u>스스로 생각하세요</u>"라고 말한다.
2. 새로운 아이디어가 나오면 아이디어를 낸 당사자에게 "책임지고 해보세요" 하며 맡긴다.
3. 한 번 알려준 것을 또 물으면 "전에 말했잖아요"라고 한다.
4. 주의를 줄 때 "이런 말은 하고 싶지 않지만…"으로 시작한다.
5. 맡은 일에 문제가 생겨도 주위에 폐가 될까 봐 "괜찮습니다"라고 말한 후 스스로 해결책을 찾게 된다.
6. 실패한 일의 원인을 규명하기 위해 '왜 실패했을까?'를

자문하게 된다.

7. 팀에서 실패가 명확해지면 먼저 누구 책임인지 책임 소재를 따진다.

8. 후배나 부하 직원에게 일하는 이유나 목적을 물으면 "일이니까 그냥 묵묵히 할 뿐이에요"라고 답한다.

9. 새로 들어온 팀원에게 "회사 규칙은 이렇습니다"라고 매뉴얼이나 규정을 확실하게 인식시킨다.

10. 회의에서 상사가 "의견 있는 사람?" 하고 물으면 엉뚱한 대답이 될까 두려워 "딱히 없습니다. 괜찮습니다"라고 대답한다.

이러한 말들을 일상적으로 사용하면 심리적 안정감이 떨어진다. 평소 무의식중에 사용하거나 그럴 의도가 없었다고 해도 마찬가지다.

5개 이상 해당한다면 노란불이다. 이 책에서 소개하는 말들로 바꿔가자.

팀에서 매일 사용하기를 추천하는 말을 가장 먼저 소개한다. 시작은 작으나 성과는 큰 말이다. 인사를 비롯해 일상의 커뮤니케이션 중에 무심코 하는 말을 돌아보자.

사소하지만 일터의
분위기를 바꾸는 말투

하루의 시작 인사를 할 때

✕

안녕하세요

- -

◯

◯◯ 님 안녕하세요

　하루의 일은 인사로 시작한다. 많은 직장에서 당연히 실천하고 있겠지만, 이 인사에 한마디를 더해 심리적 안정감을 높이는 간단한 방법이 있다. 인사할 때 상대의 이름을 부르는 것이다. 단 한마디, 이름을 붙였을 뿐인데 단순히 형식적인 인사가 아니라 바로 나에게 말을 걸어주는 느낌이 들어 자연스럽게 팀 전원의 말을 이끌게 된다. 실제로 상사가 이름을 부르며 인사한 것을 계기로 부하 직원이 의견을 말하거나 면담하는 일이 늘었다는 보고가 있다.

- ○○님, 좋은 아침!
- 안녕하세요. 과장님. 아, 잠깐 시간 괜찮으세요?

인사뿐만 아니라 회의 등의 자리에서도 "의견 있는 사람?" 같은 던지기식 질문 대신 "○○ 님은 어떻게 생각해요?" 하고 팀원의 발언을 끌어내는 말로 사용할 수 있다. 이런 일들이 꾸준히 쌓이면 면담과 보고가 늘고 조기에 문제를 발견해 일이 커지기 전에 한결 수월하게 수습할 수 있다.

심리적 안정감의 바탕은 '말하기 쉬움'

의외라고 생각하겠지만 인사는 상사나 리더가 솔선하는 것이 중요하다. 일본어에서 인사를 뜻하는 '아이사츠挨拶'라는 말은 선불교의 '일애일찰一挨一拶'이라는 행위에서 유래했다. 일애일찰은 스승과 수행승끼리 만났을 때 서로 묻고 답하며 상대가 수행을 잘하고 있는지 점검하는 것을 이르는 말이다.

인사라고 하면 손아랫사람이나 젊은 사람이 손윗사람에게 한다는 이미지가 있는데, 어원에 의하면 상사나 리더가 부하 직원이나 팀원의 상태를 살피기 위한 것이다. 대답 톤이나 반응을 보고 상대의 상태를 파악하는 게 중요하다. 손윗사람이 먼저 인사할 수 있는 팀이야말로 '말하기 쉬움' 요소가 높은 팀이다.

당신도 모든 게 낯설던 신입 시절에 베테랑 선배가 "○○님 좋은 아침!" 하고 자상하게 말을 걸어줘서 마음이 푸근해졌던 경험은 없는가. 만일 없더라도 그렇게 말을 걸어줬더라면 '더 빨리 팀에 적응할 수 있었을 텐데'라고 생각한 적은 있지 않을까.

친분이 쌓이면 뭐라고 불러야 할지도 당사자에게 물어보자. 본인이 원한다면 애칭으로 불러도 좋다. 나는 내 이름인 '하라다 마사시'를 줄여 '마시'라고 부르게 한다. 가끔 고객들도 나를 그렇게 부른다. 회사에 따라서는 어려울 수도 있으니 팀의 상황에 맞게 검토해보자.

직접 마주할 때는 되도록 한 사람 한 사람의 눈을 보고 인사하면 더 효과적이다. 온라인 회의를 할 때도 가능한 카메라를 향해 화면 너머로 눈을 맞추고 이야기하자.

이왕 하는 인사 더 효과적으로 하면 좋지 않을까. 심리적 안정감의 네 가지 요소 중 토대가 되는 것이 '말하기 쉬움' 요소다. 이 '말하기 쉬움' 요소를 높이기 위해 바로 시작할 수 있는 가장 간단하고 효과적인 방법이 앞서 소개한 '이름 붙여 인사하기'다. 오늘 회의 시간이나 내일 아침 출근 인사부터 당장 실천해보자.

2

면담하기 쉬운 분위기를 만들고 싶을 때

✕

미안, 좀 바빠서요

오늘 ○○시~○○시 사이가
면담 시간입니다

후배나 동료가 면담을 요청하면 그 자리에서 듣고 즉시 대응하고 싶겠지만, 마음처럼 되지 않는다. "미안해요. 지금은 좀 바빠서요" 하고 상대방에게 무안을 준 경험은 없는가? 당장 눈앞의 일에 쫓겨 정신이 없을 때, 우리는 무심코 다음 NG 상황과 같이 반응하기 쉽다.

- 저 과장님. 면담 좀 해도 될까요?

- 미안해서 어쩌지, 지금 좀 바쁜데 나중에 해도 괜찮을까?

- 아, 네. 알겠습니다. 나중에 부탁드리겠습니다.

대화가 이렇게 끝나면 면담을 청한 측은 난감해진다. 다음에 말을 걸었는데 또 바쁜 타이밍이면 왠지 민망하고, 그렇다고 면담을 하지 않으면 일에 진전이 없다. 그런 일이 반복되면 팀 내 '말하기 쉬움' 요소와 '서로 돕기' 요소가 줄어든다. 그렇다면 어떻게 해야 할까? 똑같이 바쁜 상황이더라도 "미안한데 지금은 도저히 짬이 나지 않으니 30분 후는 어떨까?"라고 면담이 가능한 시간이나 타이밍을 지정하면 효과적이다.

심리적 안정감을 높이기 위해 한 가지 더 생각한다면, 상담 가능한 스케줄을 미리 공유할 것을 추천한다. 리더나 교육 담당 선배라면 30분이라도 좋으니, 면담 가능한 시간을 자신의 캘린더 일정에 넣어 팀 내에 공유하자. 면담 시간은 팀원들의 면담을 최우선으로 받아들이는 시간이다. 면담이 없으면 개인 업무를 보겠지만, 이 시간에는 면담을 우선시할 테니 말해달라는 팀 내 규칙을 만들자.

여기서 포인트는 팀에 '면담 시간'이라는 공통어가 생긴다는 것이다. 신입사원이어도 "오늘 면담 시간은 몇 시입니까?", "이 시간대는 면담 시간이라고 하셨는데 혹시 지금 가능할까요?"라고 말을 건네기가 쉬워진다. 아무런 계기가 없는 상태에서 "혹시 면담 가능할까요?"라고 묻기보다 '말하기 쉬움' 요소가 높아진다.

물론 공통어를 만들어놓고, 캘린더에 면담 시간이 전혀 들어 있지 않으면 안 되니 1회 30분, 주에 몇 회만이라도 '상담 시간'이라는 공통어를 반복해 일정에 넣어두자.

팀 내 공통어 만들기

이외에도 팀 내 여러 '공통어'를 만들어두면 좋다. 내가 영업사원 시절 했던 실수나 손님에게 받은 클레임 사례를 공유하는 모임을 만들면서 붙인 이름이 '아차차 모임'이다. 실수 사례, 클레임 사례라고 하면 기분이 가라앉지만 '아차차 회사 안건이 나왔다'라는 식으로 보고 시에도 사용하니 실패나 클레임 건을 말하기가 수월해졌다.

상사로서는 '클레임이 장난이냐?'라고 생각할 수 있겠지만, 사실 실수나 클레임이 발생한 자체보다 그것을 보고하지 않아 대응하지 못하는 게 더 심각한 문제다. 적극적으로 '아차차 정보'를 모으도록 하자. 팀원 입장에서 가능한 올리고 싶지 않은 부정적인 안건이야말로 이러한 공통어를 사용해야 한다.

한 상장 기업의 예를 들자면, 클레임을 '웃픈 사연'이라고 부르며 "조금 큰 웃픈 사연입니다"라고 적극적으로 마음 편히 정보 공유를 하는 팀도 있다.

일에 진척이 없을 때

좀 더 검토해볼까요

- -

일단 해봅시다. 해보면 알겠죠

    팀에서 아이디어가 많이 나오면 어디부터 손을 대야 할지 결정타가 빠져 있을 때가 있다. 특히 긴급하지 않으면 저절로 검토 순위에서 밀리기 쉽다.

    하지만, 회의실에서 계속 검토만 하기보다는 실제로 해보는 게 나을 때도 있다. 특히 실패해도 손실이 적고 바로 회복할 수 있는 유형의 아이디어는 일단 시도해보자. 그럴 때 사용하기 좋은 말이 "일단 해봅시다. 해보면 알겠죠"이다.

- 사내에서 정리해야 할 자료와 툴, 지원할 개정안 등이 많이 있습니다.
- 그래요? 무엇부터 시작하면 좋을까요?
- 아, 네. 좀 더 검토해보시겠습니까?
- 일단 해봅시다. 해보면 알겠죠.

이 말은 '기대하는 성과가 나올지는 모르겠지만, 실제로 해봐야 어떻게 될지 알 수 있으니 일단 해보자'라는 의미를 담고 있다. 그야말로 도전을 독려하는 말이다.

이와 비슷한 말로 "하면 할 수 있다"라는 유명한 말이 있다. 사실 이 두 말은 비슷한 듯해도 의미는 정반대다. "하면 할 수 있다"라는 말은 잘하느냐 못하느냐, 즉 어디까지나 결과나 성과를 평가한다. 예리한 지적을 하자면 '잘할 수 있을 때까지 해라, 실패는 용납하지 않는다'는 뉘앙스를 풍긴다.

한편 "해보면 안다"라는 말은 '할 수 있다(=결과, 성과)'보다 '알 수 있다(=발견, 학습)'를 목표로 하는 게 포인트다. 즉

'이제 검토는 충분하다. 일단 실행에 옮기자! 잘 안되면 더 배워서 궤도를 수정하면 된다'라는 의미다.

심리적 안정감이 높은 팀이란, 절대 실패하지 않는 팀이 아니라 격심한 변화 속에서도 도전하고 모색해 그 결과에서 얻은 배움으로 궤도를 수정하면서 앞으로 나아가는 팀이다. 그런 의미에서 "해보면 안다"라는 말은 도전과 배움을 목표로 하는 그야말로 심리적 안정감을 독려하는 말이다.

좋은 뜻이어도 부정적인 단어는 쓰지 말자

"실패해도 괜찮으니까"라는 말도 사용할 수 있다. 하지만 머릿속 도서관에 '실패' 같은 부정적인 단어의 장서가 쌓여 버리면 전력으로 힘을 내기가 어렵다. "실전에서 긴장하지 말라"는 말을 듣고 오히려 긴장했던 경험은 없는가.

"긴장하지 않도록"보다 "편안하게 해"라는 표현이 좋듯이 "결과는 신경 쓰지 말아요!"라는 표현보다 "잘했어! 성공 아니면 발견일 거야"처럼 그 사람이 향할 방향을 제시하는 편이 훨씬 효율적이다.

일을 마무리하지 못하고 있을 때

✕

아직이에요?

- -

진행이 더뎌지는 이유가 뭔가요?

업무나 프로젝트의 진행이 더디다고 느낄 때 어떻게 하는가? 팀의 심리적 안정감을 유지하면서 냉정하게 사실을 밝혀 상황을 정리하고 개선이나 실행으로 이어지게 하는 말이 "진행이 더뎌지는 이유가 뭔가요?"이다.

대체 무엇 때문에 멈춰 있는지 혹은 어디에서 멈췄는지,

영어로 말하면 What/Where로 사실을 명확하게 밝히는 것
이다.

- ○○ 님 그 프로젝트 말인데 진행이 더뎌지는 이유가 뭔가요?
- 그게, 사실은 홍보를 부탁했는데 아직 답변을 못 들어서….
- 그랬군요. 내가 홍보 부장에게 한 번 더 말할게요.

주의해야 할 점은 "왜 아직이냐?"라고 묻는 것이다. 사실
왜Why에는 상대를 탓하는 뉘앙스가 있어 상대를 위축시키
는 일은 있어도 앞으로 나아가게 하는 효과는 절대 크지 않
다. 당신도 "왜?"라는 질문에 이유를 답하지 않고 "죄송합니
다", "면목 없습니다"라고 사죄의 말을 했던 경험이 분명 있
을 것이다.

원인을 추궁하기보다 일어난 사실을 명확하게 짚는다

What/Where/Why는 의문사이지만 큰 차이가 있다. 우
리는 "왜?"라는 질문을 받았을 때 이 말을 곧이곧대로 이유
를 묻는다고 받아들이지 않고 자신의 나쁜 점, 부족한 점을

비난하거나 탓한다고 해석한다. 그래서 자동으로 사죄나 반성을 해버리는 경향이 있다. 어린 시절부터 그렇게 학습되었기 때문인지도 모른다.

무언가 잘되지 않을 때 "왜?", "어째서?"라는 말을 들은 기억이 있지 않은가? "왜 물건을 잃어버렸어?", "왜 숙제를 안 했어?"라고 말이다. 잘했을 때는 좀처럼 "왜 100점을 맞았어?", "어째서 우승했어?"와 같은 말을 들을 일이 없다.

이처럼 Why는 묻는 측이 의도하지 않아도 상대를 비난하거나 탓하는 말이 되어버린다.

따라서 Why 대신 무엇/어디를 뜻하는 What/Where를 사용해 사실을 명확하게 하자. 말을 거는 측도 '무엇/어디'라고 묻는 게 격의 없이 느껴져 빠르게 문제를 발견하거나 대응할 수 있다. 만일 위축되기 쉬운 팀원에게 조금이라도 완곡하게 묻고 싶다면 다음을 참고하자.

- ○○ 님, 이건 함께 개선하면 좋을 것 같아서요. 지금 그 안건은 어떤 부분에서 멈춰버린 건가요?

- A 선배가 지시한 과거 사례를 찾아야 하는데, 그전에 B 님과 분담한 업

무가 끝나지 않아 사실 아직 손도 못 대고 있습니다.

- 그랬군요. 알려줘서 고마워요. 덕분에 상황을 잘 이해했어요. 내일 정
례회의 때 A 님, B 님과 우선순위와 분담에 관해 이야기할까 하는데 어
때요?

이처럼 상대를 탓하는 뉘앙스는 되도록 배제하고 일을
진행하는 데 도움이 되게끔 말을 걸자. 또한 설령 상대가 잘
못했더라도 탓하거나 잘못을 인정하게 한다고 문제가 해결
되거나 앞으로 나아가는 일은 거의 없음을 알아두자.

'왜'를 '무엇'으로 바꾸어 개인을 비난하지 않고 함께 앞
으로 나아갈 방법을 모색하는 팀을 목표로 하자.

경험이 적은 팀원에게 일을 맡길 때

✕

그럼 맡길 테니 부탁해요

누구와 상의하면 좋겠어요?

팀원 교육 관점에서는 경력이 짧거나 해당 업무의 경험이 적은 팀원에게 새로운 일을 하게 할 필요가 있다. 팀원이 특정 일을 직접 담당하게 된다면 훨씬 더 빠르게 성장할 수 있기 때문이다. 단, 일을 맡기는 방법이나 전달 방식이 팀의 심리적 안정감에 영향을 끼칠 수 있으니 주의하자.

- 그럼 ○○ 님 담당으로 갑시다. 맡길 테니 부탁해요!

- 네. (불안)

- 그럼, 어려운 일이 있으면 뭐든 상의하세요.

- 네. (불안)

흔히 있을 법한 이런 대화가 NG인지 놀라는 분도 있을 것이다. 사실 경험이 적은 팀원이 뭔가를 묻는 것은 의외로 장벽이 높다. 괜히 물었다가 '이런 것도 모르는 사람'이라고 낙인 찍힐까 봐 불안하기 때문이다.

이럴 때는 "누구와 상의하면 좋겠어요?"라는 말이 좋다. 일을 진행하기 위해서라는 긍정적인 이미지를 줄뿐더러 실제로 도와줄 사람을 찾기도 쉽기 때문이다.

- 마지막으로 A 님이 작성한 역할 분담표를 확인할까요? 연수 당일 접수
  는 A 님, 점심 도시락 수배는 B 님, 아 B 님은 이번 연수가 첫 참가인데
  부탁해도 될까요? 누구와 상의하면 좋겠어요?

- 지금까지 도시락 업체를 결정하셨던 분이 좋을 것 같아요. 예산과 일정,

  어떤 업체로 선정하면 좋을지 여쭤보면 많은 도움이 될 것 같습니다.

- 잘됐네요. 전임은 C 님이었어요. C 님, 지원 가능할까요?

- 알겠습니다. B 님, 나중에 따로 이야기 나눠요.

- 감사합니다. C 님, 잘 부탁합니다!

이 대화에서는 팀원이 마음 놓고 일에 임하는 자세가 느껴진다. 어둠 속을 걸어가듯 불안한 마음으로 진행하면 경험이 적은 영역에서는 생각처럼 나아가지 못하는 일도 많다. 더군다나 혼자서 열심히 했는데 잘되지 않아 나중에 "왜 상의하지 않았느냐?"라고 혼이 난다면 견디기 어려울 것이다. 중요한 것은 면담하기 쉬운 분위기를 확보하는 말 걸기다.

팀 전체가 빛나게 하자

"누구와 상의하면 좋겠어요?" 이 말은 경험이 부족한 팀원만을 위한 말이 아니다. 책임감이 강하고 능력이 뛰어난 사람에게 일이 집중되는 현상은 어느 업계에서나 쉽게 볼 수 있다. 의뢰하는 쪽이 안심하고 맡기는 것은 물론이고, 본

인도 일에 매진해 성장하는 것을 좋아하는 경우도 많다.

하지만, 혼자서 일을 너무 떠안아 평소 하지 않는 실수가 빈발할 정도로 피폐해지거나 몸을 망가뜨리면서까지 야근을 한다면 누구도 행복해질 수 없다. 당신이 리더라면 "누구와 상의하면 일이 잘 진행될까요?" 혹은 "어떻게 분담할까요?"라는 말로 일이 집중되기 쉬운 사람에게 질문해 '서로 돕기' 요소를 높여가자.

팀이 목표로 해야 할 것은 총력전, 즉 팀플레이다. 자신에게만 일이 몰려서 힘들어하는 사람도, 전력을 다하지 않는 사람도 없는 팀 전원이 계속 빛나는 상태를 목표로 하자.

6

리더가 도움을 청할 때

이것 좀 하세요

미안한데 이것 좀 부탁해도 될까요?

팀 내에서 '서로 돕기' 요소를 높이려면 선배나 리더가 솔선수범하여 힘든 일을 시작하는 것이 좋다.

또한 리더가 "나는 ~가 좀 서툴러서"라고 솔직하게 이야기하면 구성원도 "괜찮다면 제가 하겠습니다"라고 돕기가 수월해진다. 이렇게 선배가 힘들어하는 일을 미리 밝히면,

후배도 주위에 그 일을 의논하고 지원을 요청하기가 쉽다.

- 회의 진행이 조금 힘들어져서요. 다음 회의 때 진행을 부탁해도 될까
  요?
- 네. 과장님, 제가 해도 괜찮다면 기꺼이 하겠습니다.

부탁을 청하는 일에는 전문적인 일만 포함되는 게 아니다. 예를 들면, 회의 진행이나 이벤트 계획, 정보처리나 리서치 등 열심히 하면 조금은 할 수 있지만 잘하는 일과 서툰 일이 확연히 구분되거나, 경험의 여부나 타고난 성격, 감각과 관련 있는 것들을 가리킨다.

물론 주의할 점도 있다. 부탁하지 않았는데, 표정이 좋지 않은 상사를 부하 직원이 보다 못해 나서서 정리하는 것과는 비슷한 듯 다르다. 부탁하고, 해주고, 감사 인사까지 전하는 게 중요한 한 세트다.

약점을 솔직하게 털어놓고 도움을 청하자

연수나 세미나에서 이런 이야기를 하면 "이 나이가 되어

젊은 사람에게 머리를 숙이거나 약점을 드러내는 게 거북하다"라는 말을 종종 듣는다. 물론 그 기분을 이해한다. 특히 지금까지 카리스마 있게 팀을 이끌며 성과를 내왔던 리더로서는 새삼스럽게 방침을 전환하기도 힘들고, 이 스타일대로 하면 계속 성과가 나올 것이라고 생각하는 게 당연하다.

하지만, 그런 강한 리더야말로 멈춰 서서 생각하기를 바란다. 변화는 점점 격심해지고 비즈니스 세계의 복잡함도 날로 더해간다. 아무리 유능한 리더라도 혼자 힘으로는 대처하기 힘든 상황이 느는 만큼, 팀원이 가진 생생한 정보와 자신에게 없는 관점을 받아들여 변화를 도모하는 자세가 중요하다.

나 역시 처음에는 두려워하면서 약점을 밝히기 시작했으나, 나중엔 후배로부터 "이사님처럼 자신의 약점을 밝히는 분이 솔직하고 그릇이 큰 리더로 보입니다"라는 피드백을 받은 적이 있다. 가벼운 놀라움과 함께 약점을 밝히는 편이 구성원에게 신뢰를 줄 수 있겠다는 생각이 들었다.

관리직이나 리더는 개인의 성장보다 조직이나 팀이 올린 성과를 중심으로 평가받는다. 스스로 리더로서 평가를 높이기 위해서도 스타일을 바꾸고 심리적 안정감이 높은 팀을 만들어 좋은 성과를 낼 수 있도록 하자.

이 말의 응용형으로 "가르쳐줄래요?"가 있다. 자기가 알지 못하는 부분이나 약점을 밝힘으로써 '말하기 쉬움', '서로 돕기' 요소를 무리 없이 높일 수 있는 말이다.

"어려운 집계를 해야 하는데 어떻게 하면 좋을까요?"

"함수나 피벗 테이블에 대해 잘 아는 사람이 있으면 가르쳐줄래요?"

부탁하는 것은 상대에게 민폐가 아니다. 오히려 상대 입장에서는 자신이 부탁받는다는 사실에 기뻐하며 일에 의미를 갖게 될 수도 있다. 부탁받은 구성원은 더 힘이 되고 싶어 하고, 리더가 도움을 청한 일에 더 자발적으로 임하게 된다. 얼핏 의아할지도 모르지만, 사실은 도움을 청함으로써 구성원의 자율성과 적극성이 발휘된다.

7

재택근무 중에 묻고 싶은 게 있을 때

(잘 모르지만 묻기가…)

◯

잠깐 시간 괜찮으세요?

코로나19 이후 많은 직장에 원격 업무가 도입되었다. 매일 사무실에 출근해서 일할 때와 재택근무를 비교했을 때 달라진 점은 무엇일까? 대표적인 변화는 자연스럽게 들어오던 정보가 줄어든 점이다. 이를테면, 이전에는 아침에 맨 먼저 얼굴을 보고 인사하면서 컨디션이나 몸 상태가 어떤지를 파악하거나 옆에서 하는 통화를 듣고 문제의 징후를 눈치채는 등 상사나 선배의 바쁜 정도를 생생하게 지켜볼 수 있었다.

같은 장소에 있는 것만으로 들어왔던 정보는 '수동적인 정보'다. 이렇듯 자연스럽게 들어오는 정보로 우리는 '말을 걸 타이밍'을 측정할 수 있었다. 그런데 원격 환경에서는 구성원과 같은 공간에 있는 게 불가능하다. 구성원의 컨디션이나 클라이언트와의 생생한 대화, 보고나 미팅 같은 정보가 더는 자연스럽게 들어오지 않는다.

본인이 능동적으로 정보를 취하기가 어려워진 만큼 구성원에게도 "곤란할 때 능동적으로 목소리를 내어달라"고 말해야 한다. 많은 직장에서 캘린더 도구를 사용해 스케줄을 공유하거나 잡담 타임을 설정해 정보를 공유하는 등 도움이 되는 대응책을 마련하고 있다.

하지만 갑자기 의논할 일이 생기거나 손이 멈춰버려 당장 말을 걸고 싶을 때도 있을 것이다. 그럴 때 '말하기 쉬움'과 '서로 돕기' 요소가 높은 팀에서는 "잠깐 시간 괜찮으세요?"라고 허심탄회하게 묻는다. 상사든 부하 직원이든 상관없이 사내 메신저나 전화 등으로 이 한마디를 더함으로써 상대의 상황을 파악하거나 자신의 상황을 능동적으로 알릴 수 있다.

온라인에서도 서로 쉽게 말하고 도우려면

상대의 상황이 보이지 않으니 언제 면담을 청할지 말을 걸기 어려워 회의가 끝날 때까지 기다렸다가 조심스럽게 말을 건네거나, 면담하려고 메일을 보냈는데 회신이 없어 바쁜 모양이라고 판단하고 그대로 일을 진행해버리는 구성원은 없는가. 많은 직장에서 흔히 있는 장면일 텐데, 심리적 안정감이 높은 팀에서는 '일이 멈춰 있다', '곤란하다'라고 상황을 빠르게 공유한다.

예를 들면, 우리 팀에서는 슬랙Slack이라는 정보 공유 메신저(채팅 도구)를 사용한다. 이 메신저를 통해 멈췄거나 곤란한 일을 빠르게 공유한다. 일부러 모두가 보는 오픈된 채팅 장소에서 도와줬으면 하는 상대에게 수신인(@멘션) 주소를 붙여 질문하는데, 전화로 즉시 문제가 해결되거나 대화가 오가는 장면을 본 다른 구성원이 답장을 보내기도 한다. 심리적 안정감이 확보된 팀에서는 재택근무 시에도 부족함 없이 편안하게 말하고 서로 돕는 일이 일어난다.

리더 자신이 실제로 팀원에게 도움을 받고 감사 인사를 전한 다음 다시 팀원의 면담 요청에 "이건 이렇게 하면 좋아요" 혹은 "○○ 님이 잘 알던데 잠깐 부탁해볼까요?"라고 반응하자. 이렇게 좋았던 체험이 쌓이면 팀원이 능동적으로 "잠깐 시간 괜찮으십니까?" 하고 면담을 청하게 된다.

말에는 크게 두 종류가 있다.

① 상대의 행동을 독려하는 '응원 말'

② 상대의 행동이나 결과를 받고 표현해주는 '보상 말'

'응원 말'로 상사, 리더, 선배, 후배 등 구성원의 행동을 독려하고 그렇게 하여 일어난 행동이나 결과를 '보상 말'로 받아준다. 이 양쪽 말을 균형 있게 사용하는 것이 중요한데, 많은 관리직이나 리더가 계기는 자주 제시하면서도 행동에 대한 회신은 큰 성과가 나왔을 때만 하는 등 균형 있게 사용하지 못하고 있다.

1장에서 지금까지 다룬 말이 '응원 말'에 해당하고, 2장에 등장하는 말부터가 '보상 말'이다.

'응원 말'은 무조건 쉽게

응원 말은 사람들의 행동을 독려한다. 듣는 사람에게 맞춰 알기 쉽게 말하는 것이 능숙하게 계기를 만드는 포인트다. 신입 사원에게 신규 사업안을 만들라고 하면 너무 장벽이 높을 것이다. 상대가 여유롭게 할 수 있는 일보다 한 단계 위를 목표로 알기 쉽게 말하면, 구성원의 성장도 염두에 둔 좋은 '응원 말'이 된다.

또한 '응원 말'은 질문과 행동에 의미를 갖게 한다. 좋은 질문은 사고를 깊게 하고 시야를 넓혀 준다. 상대방이 더 깊이 생

각하기를 바라는지, 다른 관점에서 생각하기를 바라는지를 구분해서 말을 건네자.

'보상 말'은 즉시하자

'응원 말'을 계기로 상대가 행동을 취했거나, 진행하던 미팅이나 프로젝트에서 성과가 나왔을 때 사용하면 좋은 말이 '보상 말'이다. '응원 말'로 행동을 독려하면 처음 한 번은 행동으로 옮길지 모르나, 사실 계기를 만드는 것만으로는 두 번째, 세 번째 행동은 일어나지 않는다.

당신이 "일단 해봅시다"라는 '응원 말'을 듣고 한 번은 행동에 옮겼다고 하자. 하지만 그 후 감사 인사도, 피드백도 없다면 '괜히 했나?', '다음에는 하지 말까?' 하고 망설여질 것이다. '보상 말'로 상대의 행동이나 성장, 결과를 확실하게 인정하는 것이 조직이나 팀 내에 바람직한 행동을 늘리는 비결이다.

'보상 말'을 효과적으로 사용하려면, 상대가 취해준 행동을 가능한 즉석에서 인정해주어야 한다. 미루지 않고 그 자리에서 바로 말을 걸어주는 게 효과적이라는 의미다.

눈부신 성과나 좋은 결과가 나왔을 때만 인정하는 리더나 관리직도 있다. 인정은 영어로 'acknowledgement'로 '그곳에 있는 것을 깨닫는다'라는 어원적 의미를 지닌다. 우선 팀 구성원으로서 그곳에 있어준 사실 자체를 긍정해주자.

또한 팀원이 노력했으나 결과가 신통치 않을 때도, 시도해봐서 좋았다고 느낄 수 있을 만한 '보상 말'을 사용하면 팀원의 바람직한 행동을 늘릴 수 있다.

고마움을 전하고 싶을 때

✕

여러모로 고마워요

⭕

~해줘서 고마워요

도움을 받았을 때 고맙다는 인사를 한 것만으로 충분하다고 생각하지는 않았는가. 고마움에는 이유를 구체적으로 붙여서 말하는 것이 더 효과적이다.

"여러모로 고마워요", "이래저래 신세를 졌습니다"라고 이유를 하나로 뭉쳐 추상적으로 아무튼 고맙다고 하는 건 주의해야 한다. 물론 아무 말도 하지 않는 것보다야 낫지만, 이왕 감사 인사를 받는다면 추상적인 감사보다 구체적인 감사가 기쁜 법이다. 무엇보다 이유 있는 감사 인사를 받은 사람은 다음번에도 또 이상적인 행동을 취하기 쉽다. 구체적으로 살펴보자.

> "지난번 회의 때 참석하지 못했는데 자료를 알기 쉽게 잘 정리해줘서 고마워요. 정말 도움이 되었어요."

이런 식으로 감사 인사를 받은 팀원은 다음 회의 자료를 작성할 타이밍에도 읽는 사람이 더 알기 쉽게 잘 정리하는 방법을 모색하려고 할 것이다. 이유 있는 감사 인사의 중요성에 관해서는 기업 연수에서도 자주 다룬다. 사람은 자기가 행동한 직후에 이유 있는 구체적인 감사 인사를 받으면 그 행동을 더 잘하려는 마음이 생긴다. 이 행동을 하면 사람들이 좋아할 거라는 안테나가 서는 것이다.

안테나가 서면 당신이 감사 인사를 전한 행동을 다음에도 해줄 가능성이 커진다. 게다가 지난번보다 훨씬 높은 품

60

질과 정확도를 목표로 해줄 수 있다.

나도 팀원에게 "바쁠 텐데 고객에게 연락하고 잘 조율해줘서 고마워요" 혹은 "캘린더를 확인하고 후보 날짜를 알려줘서 고마워요. 정말 도움이 되었어요"라고 대면, 전화, 메일, 메신저에서 항상 구체적으로 이유를 붙여 감사 인사를 전한다.

팀원의 발을 묶는 저주의 말

질문이나 면담 요청을 받았을 때도 일단은 "질문 고마워요", "면담 요청 고마워요", "확인 고마워요"라고 받아들이고 환영해주자. 반면에 "어떻게 하면 좋을지 스스로 생각하고 나서 면담 요청하세요"라는 말은 NG임을 미리 밝혀둔다. 이 말이 NG냐고 놀라는 분도 있을 것이다. 나도 얼마 전까지 후배의 질문에 바로 답하면, 후배가 생각할 기회를 앗아버리니 일단 스스로 생각하게 하는 것이 좋다고 여겼다.

하지만 지금은 면담 시간 자체를 늘린 다음에 "나는 ~라고 생각하는데 어때요?"라고 능숙하게 면담을 진행하는 단계를 밟는다. 인재를 성장시키려면 일단 면담의 양을 늘린

후에 서서히 질적 향상을 목표로 해나가자.

기본 매뉴얼이 있어 정답을 알려주는 게 빠른 일(이를테면 사내 규칙이나 명함 교환 매너 등)은 그냥 정답을 전하는 쪽이 효율적일 수 있다. 정답이 없는 일도 지식이나 경험이 부족한 암담한 상황에서 함께 생각하는 단계를 넣으면 보다 빠르게 성장으로 이어진다.

"면담 요청해줘서 고마워요. 함께 생각할까요. 우린 이것과 이것이 중요하니까 이런 식으로 생각해봅시다"라고 제시하거나 "그럼, 방금 한 말을 바탕으로 시안을 만들어봐요"라고 지원해주자. 구성원의 성장을 돕는 '보상 말'을 적극적으로 활용하자.

해당 프로젝트를 되돌아볼 때

✕

그거 괜찮았죠?

- -

○

그거 어땠어요?

　매너부터 IT 스킬, 최근에는 컴플라이언스(회사를 운영하며 발생할 수 있는 법적 리스크를 기업 전문 변호사에게 자문받고 구성원 교육을 통해 사전에 예방하는 것 – 옮긴이)까지 사내외에서 실시하는 다양한 연수는 새로운 것을 깊이 배울 수 있는 절호의 기회다. 그렇지만 연수를 마치고 팀으로 복귀하면 다시 일상 업무의 폭풍우가 기다린다. 애써 유익한 연수를 받고도 연수와 현장 사이에 접속이 이뤄지지 않아 연수에서 얻은 지식을 현장에서 활용할 기회를 놓쳐버리는 일도 드물지 않다.

그럴 때는 감상을 물어보자. 리더가 팀원에게 "연수 어땠어요?"라고 큰 형태로 질문하는 것이다. 이런 추상도 높은 질문 방식을 '열린 질문open question'이라고 한다. 답변의 폭이 넓어 답하는 측은 자기 생각이나 기분을 솔직하게 이야기하기 쉽다. 질문하는 측이 상정하지 않은 사항까지 쉽게 공유하게 되는 질문 방식이다.

- 컴플라이언스 연수 고생했어요. 어땠나요?
- 컴플라이언스 관점을 새롭게 알게 되니 계약서를 재점검하는 게 시급하다는 생각이 들었습니다. 어제 계약한 손님에게도 바로 설명하러 가는 게 좋을 것 같습니다.
- 말하기 어려웠을 텐데 알려줘서 고마워요. 조금 더 자세히 이야기해볼까요?

연수 상황에 한정하지 않고, 팀원이 미팅에서 돌아왔을 때도 마찬가지다.

- 미팅 수고 많았어요. 분위기는 어땠나요?
- 솔직히 말씀드리면 제안을 다시 생각해봐야 할 것 같습니다. 작년까지는 절전 기능이 승부수였지만 지금은 추구하는 게 바뀐 것 같아서요.
- 그래요? 아주 중요한 정보네요. 고마워요. 더 자세하게 말해줄 수 있을까요?

이 예시와 같이 리더가 알지 못하는 생생한 정보를 공유해 재빨리 대책을 마련할 수 있다.

반대로 '예스냐 노냐', 'A냐 B냐'의 양자택일로 답변할 수 있는 질문 방식은 '닫힌 질문close question'이라고 한다. "괜찮았냐?", "잘됐냐?", "유익했느냐?"라는 말이 모두 여기에 해당한다. 이 질문들은 답변의 자유도가 낮아 상대가 정말 하고 싶은 말을 끌어내기 어렵다.

지금까지의 회사 생활을 돌아보면 상사가 "연수가 유익했나요?"라고 물었을 때 "네. 유익했습니다. 감사합니다"라고 뻔한 말이 저절로 나왔던 기억이 있지 않은가.

팀원의 성장으로 이어지는 열린 질문

성과가 나왔을 때 What을 응용해 "잘된 요인이 무엇인가 요?" 하고 열린 질문으로 물어 팀원의 성장을 촉진하자.

- 와 좋은데요. 성공한 요인은 무엇일까요?
- 네. 일단 콘셉트가 명확하게 전해진 것 같습니다. 그리고….

이렇게 하면 말로 성공 요인을 언어화하는 훈련이 된다. 언어화한 성공 요인은 팀의 자산으로 축적해두자. 실패했을 때 "왜?"라고 몰아세워봤자 소용없다. 성공했을 때 이유를 물어 '말하기 쉬움', '서로 돕기' 요소를 높이자.

10

실현 가능성이 낮은 아이디어가 나왔을 때

✕

그건 무리예요

그런 적은 없지만,
자세히 들어볼까요?

구성원이 새로운 아이디어를 냈을 때는 "그런 적은 없지
만, 자세히 들어볼까요?"라는 '보상 말'을 사용해 '도전'과
'다름 환영' 요소를 높이자.

만일 당신이 뭔가를 제시했는데 상대가 "그건 말도 안 된
다"라며 윽박지르고 부정한다면 어떨까. 큰마음 먹고 한마

디 했는데 '앞으로 쓸데없는 일은 만들지 말고 가만히 시키는 일만 하자'라는 생각이 저절로 들지 않을까. 이처럼 자기 생각이나 아이디어를 거부당했다고 느끼면 '다름 환영' 요소는 낮아진다.

발언 자체가 환영받고 새로운 관점과 아이디어 역시 환대받는 팀. 이른바 '다름 환영' 요소가 높은 팀은 구성원이 발언한 다음에 말하기 잘했다고 느낄 말한 '보상 말' 또한 넘쳐난다. 이 "그런 적은 없지만"이라는 말도 그런 '보상 말'의 대표 격이다. 거기에 "자세히 들어볼까요?"라고 한마디를 덧붙이면 구성원은 자신이 낸 아이디어를 더 깊이 생각하게 된다. 단순한 아이디어가 실행 가능한 해결책이 되느냐 마느냐의 갈림길이야말로 '다름 환영' 요소가 '도전' 요소로 이어지는 장이라고 할 수 있다.

예를 들어, 팀원이 "새틀라이트 오피스(자택과 본사 중간 위치에 위성 사무실을 만드는 근무 형태 – 옮긴이)를 마련해 제3의 직장을 만들면 어떨까요?"라는 말을 했다고 하자. 지금 경영진의 사고방식으로는 힘들다고 느끼더라도 다음 예와 같이 대응할 수 있다.

- 그런 적은 없지만, 좀 더 자세히 들어볼까요?

- 네. 실제로 하게 된다면 일단은….

이 표현에서 중요한 건 '무리, 불가능, 할 수 없는 이유'가 설령 몇 가지 떠오르더라도 즉석에서 부정하지 않고 이야기를 들어본다는 것이다. 자신과 팀원의 관점은 다른 게 당연하다. 팀원의 관점을 부정하지 말고 자세히 들어보도록 하자.

'I 메시지'로 대화를 시작한다

상대You에게 건네는 말은 아이 메시지I Message와 유 메시지You Message 두 가지로 크게 나눌 수 있다. 대화할 때는 흔히 주어를 생략하는 경우가 많은데, "나는 ~라고 생각한다", "나는 ~라고 본다"처럼 '나는'을 주어로 말하는 게 아이 메시지다.

"그런 적은 없어요"라는 말도 주어를 생략하지 않고 표기하면 "나도 그런 적은 없어요"가 된다. 이렇게 '나'를 주어로 말하면 내 경험을 들려주게 되어 진솔하게 대화를 이어갈 수 있다.

또한 객관적 사실이나 절대적 정답의 제시가 아닌 '나는 이렇게 생각한다'라는 의미가 되므로, 상대와 의견이 달라도 '당신이 틀렸다'라는 부정적인 뉘앙스로 전해지는 일이 드물다. 그래서 '당신은 이렇게 생각하고 나는 이렇게 생각한다'라는 관점의 차이를 인정하고 대화를 끌어가기 쉽다.

한편, 아이 메시지의 반대가 유 메시지다. "당신은 이렇다", "당신의 의견은 좋다, 나쁘다"처럼 판단이나 평가를 전하는 말이다. 비판이나 비평하는 의미가 담겨 있어 이 말을 들은 구성원은 (설령 말로는 하지 않아도) "그렇지 않다, 아니 나는…" 하고 부정이나 반발을 하기 쉽다.

또한 아이 메시지는 '나는 이렇게 생각한다'라고 남의 탓을 할 수 없는 발언 리스크를 갖는다. 이와는 달리 아이디어 발신자가 유 메시지로 본인의 입장과 자세를 명확히 하지 않고 발언 리스크도 취하지 않는다면 거기에서 대화는 더 이상 나아가지 않는다.

당신은 아이 메시지로 전하고 있는가? "상사의 말이니까…" 혹은 "회사가 그렇게 말하니까"가 아닌, 자신을 주어로 한 "나는 이렇게 생각한다!"를 늘려가자.

11

문제 상황이 발생했을 때

✕

이를 어쩐다?

⭕

마침 잘됐네요

어떤 팀이든 실패(트러블, 사건, 사고, 실수)는 피해갈 수 없다. 당신은 구성원이 실수했을 때, 두 번 다시 실수하지 않도록 따끔하게 혼내거나 책임을 추궁하는 것만으로 끝내고 있지는 않은가.

트러블이 생겼거나 실수 보고를 받았을 때 그 자리에 있는 모두의 심리적 안정감을 유지하는 마법의 말이 있으니, 바로 "마침 잘됐네요"이다.

> - 죄송합니다. 회의실 대여 예약 접수 기한이 어제까지였는데 깜빡했습니다.
> - 마침 잘됐네요. 다른 회의실을 사용해볼 기회네요.

트러블이나 실수를 나무라고 불같이 화를 내봤자 이미 일어난 일은 바뀌지 않는다. 실수한 구성원을 위축시켜 주위의 불안만 부채질할 뿐 좋은 점이라고는 없다. 상대에게 부정적인 감정을 발산하느니 일단 기분을 전환하자. 일어난 일은 일어난 일, 그 일을 나름대로 건설적으로 해결할 수 있도록 서로 대화를 나누자.

물론 실수가 드러났는데 갑자기 "마침 잘됐네요"라고 말하면 문제의 당사자는 뭐가 잘됐다는 건지 혼란스러울 테니 "마침 잘됐네요"를 팀의 공통어로 정해두자. 이를테면 "지금부터 실수나 트러블이 생기면 '마침 잘됐네요'라고 이야기합시다. 그렇게 하는 이유는…" 하고 팀 내에서 공유하는 것부터 시작하자.

'마잘요'를 일상 언어로

어느 기업에 초청되어 온·오프라인에서 동시에 심리적 안정감에 대해 강연했을 당시의 일이다. 강연이 시작되자마자 문제가 발생했다. 비대면으로 수강하는 분들에게는 목소리가 전해지지 않는 듯했다. 만일 당신이라면 어떻게 할 것인가. 눈앞에는 실제 회의장에서 연수를 받고 있는 관리직 분들이 수십 명 있었다. 나는 "마침 잘됐네요"로 서두를 연 후에 다음과 같이 말했다.

"우리 회사에서는 이런 문제가 생겼을 때 '마침 잘됐네요'라고 일단 함께 제창합니다. 이미 일어난 일에 감정적으로 누군가를 비난해봤자 별로 도움이 되지 않거든요. '마침 잘됐네요'라고 제창하면 지금 시점에서 무엇을 할 수 있는지, 가능한 일에 집중하게 되는 건설적인 아이디어가 나옵니다. 저는 이 시간에 여러분과 잠시 아이스브레이킹을 시작할까 하는데요…."

갑작스러운 문제가 생겨도 침착하게 지금 할 수 있는 일을 찾자. 원래 예정된 일에서 태세를 전환해 사태를 개선하는 데 힘써야 한다.

이 "마침 잘됐네요"는 팀 공통어를 넘어 우리 회사의 사내 공통어가 되었다. 빈번하게 사용하므로 '마잘요'라는 줄임말도 생겼다. 내부 온라인 회의에서도 활용하고 사내 메신저에서는 '마잘요'라는 이모티콘까지 만들어 대화할 정도다.

실수를 보고하기 쉬워지고(말하기 쉬움), 트러블에 대처하고(서로 돕기), 어떤 상황도 호전시키는(도전과 다름 환영) '마잘요'라는 세 마디는 심리적 안정감을 높이는 네 가지 요소 모두를 갖춘 강력한 말이다.

고성과 팀의 비밀
'4가지 인정' 구분법

앞에서 '보상 말'의 포인트는 '즉시' 인정하는 것이라고 했다. 인정에는 ① 성과 인정 ② 행동 인정 ③ 성장 인정 ④ 존재 인정 네 가지가 있다. 심리적 안정감을 확보하기 위해서는 이를 구분해 사용하는 게 매우 중요하다.

① 성과 인정

가장 자주하게 되는 것으로 행동의 결과나 성과를 인정하는 거다. 목표나 예산 달성에 대한 평가, 프로젝트 성공에 대한 칭찬 등이 성과 인정에 해당한다. 본인의 노력이나 과정을 보지 않더라도 수치나 결과만 파악하면 가능한 인정이며, 분기

등 특정 타이밍에서 성과를 낸 사람에게 할 수 있다. 예시는
아래와 같다.

"이번 분기에 목표를 달성했군요. 축하해요."

"멋진 기획서였어요!"

② 행동 인정

행동 자체를 인정하는 것이다. 아직 결과가 확실하지 않은 단
계에서 성과로 이어질 만한 행동이나 바람직한 행동을 늘릴
수 있다. 행동 인정은 성과나 품질을 칭찬하는 것이 아니다.
발언이나 도전이라는 행동 자체를 즉시 인정해주는 것이다.

"이번에 새로운 회의 진행방식은 아주 멋진 도전이었어요!"

"의견을 말해줘서 고마워요!"

③ 성장 인정

시간 축을 넓혀 그 상대의 과거와 현재를 비교해 성장을 인정
하는 것이다. 좀처럼 성과가 나지 않으면 사람은 바른 방향으

로 가고 있는지 불안해져 발이 멎는다. 성장 인정은 바른 방향으로 나아가고 있다고 전해줄 수 있다. 행동의 질과 양 그리고 속도가 향상한 것을 말해주는 것만으로도 충분하다.

"서비스 설명이 엄청 능숙해졌어요."

"이 정도 속도로 기획서를 마무리했다는 건 요령을 터득한 거네요."

④ 존재 인정

그 자리에 있는 자체를 인정해주는 것이다. "우리 팀에 있어 줘서 고마워요", "회의에 참석해줘서 고마워요" 이렇게 직설적으로 전할 필요는 없지만, 상대를 확실하게 인정한 다음 가벼운 인사를 하거나 이름을 부르며 상대의 사소한 변화에 말을 건네자.

특히 경력이 짧거나 일에 진전이 없어 힘들어하는 상대는 존재 인정이 있으면 '여기에 있어 다행'이라는 안도감을 얻게 된다. 이 존재 인정은 상대의 결과나 행동, 성장에 대한 것이 아니므로 행동 후에 사용하는 '보상 말'이 아닌 행동 전에 사용하는 '응원 말'이라고도 할 수 있다.

"○○ 씨 안녕하세요. 안색이 좋지 않은데요, 괜찮아요?"

성과 인정만으로는 부족하다

"칭찬할 부분이 눈을 씻고 봐도 없어요." 인정해주라고 하면 난감한 표정으로 이런 대답이 돌아오곤 한다. 열심인 리더일수록 그럴 수 있다. 이는 성과 인정을 너무 중요시할 때 빠지기 쉬운 덫이다.

계속해서 눈부신 성과를 내는 것은 누구에게도 결코 쉬운 일이 아니다. 이러면 '성과 인정' 이외에는 칭찬하지 않는 리더가 되어버린다. '행동 인정'에 주목하기 바란다. 상대가 뭔가를 해줬을 때 이 책에서 소개한 '보상 말'로 즉시 반응해 인정의 파도를 타게 하자. '성장 인정'은 정기적으로 프로젝트를 돌아보거나 일대일 자리에서 도움이 된다.

① 성과 인정

② 행동 인정

③ 성장 인정

④ 존재 인정

"회의 분위기가 좀처럼 살아나지 않아요", "일방적인 발표회, 보고회로 끝나버려요", "의견을 모아도 자발적인 아이디어가 나오지 않아요" 리더에게서 이런 고민을 자주 듣는다. 한편, 구성원에게도 할 말은 있다.
"맨 처음에 손을 드는 게 쑥스러워요", "의견을 말하면 일만 늘어날 뿐이에요…" 이런 온도 차를 해소해 회의 시간을 유익한 의견 교환의 장으로 바꾸는 말을 소개한다.

2장

회의 시간이
활발해지는 말투

회의에서 의견을 유도하고 싶을 때

뭐든 좋으니 계속해서 의견을 내보세요

이 자리의 심리적 안정감은
제가 보장합니다

"이 자리의 심리적 안정감은 제가 보장합니다"라는 말은 상당히 직설적이지만 회의를 시작할 때 사용하면 좋은 말이다. 리더의 선언으로 '말하기 쉬움' 요소가 높아진다. 팀원 각각이 의견을 말하기 쉬워질 뿐만 아니라 다른 팀원의 말에도 귀 기울이게 된다. '리더가 내 의견을 부정하지 않겠다고 말하니, 다른 팀원들도 마찬가지일 거야'라고 생각하게 되는 것이다. 아래처럼 일부러 선언하는 것이 좋다.

"이 자리는 심리적으로 안전한 곳입니다. 어떤 의견이나 아이디어를 말해도 되는 자리죠. 실수나 트러블을 보고할 게 있다면, 그것을 힐책하는 자리가 아닙니다. 어떻게 할지를 긍정적으로 검토해 나가는 자리입니다. 이 자리의 심리적 안정감은 제가 보장합니다."

우리 회사에서 사외이사를 역임하고 있는 다케다 마사코 씨는 매번 회의 서두에서 이 말을 선언해왔다. 흥미롭게도 이 선언을 계속하는 중에 주위가 조금씩 바뀌었다고 한다.

회의가 한창인데 심리적 안정감을 위협하며 주위를 위축시키는 발언이 나왔을 때, 구성원들에게 "이곳은 심리적으로 안전합니다"라는 한마디를 덧붙였더니, 다케다 씨 본인이 참석하지 않은 회의에서도 진행자가 "이 자리는 심리적 안정감을 보장하고 진행하겠습니다"라는 말로 시작하게 되었다고 한다. 이 심리적 안정감을 확보하는 게 구성원들에게 얼마나 든든하게 환영받고 있는지를 알 수 있다.

나는 심리적 안정감에 대해 처음 알리게 되거나 새로운 구성원이 들어와 심리적 안정감 자체의 이해가 부족할 때는 다케다 씨의 예를 참고로 말한다.

당신이 이 책을 읽은 후라면 이 책 얘기를 꺼내면서 "이 자리의 심리적 안정감은 제가 보장합니다"라는 한마디를 덧붙여도 좋다.

심리적 안정감은 팀원 전원이 함께 만든다

심리적 안정감을 구축해가는 것은 그 팀의 구성원 한 사람 한 사람이다. 아무리 뛰어난 리더도 팀원의 협력 없이 조직이나 팀에 심리적 안정감을 구축할 수는 없다. 팀원을 끌어들이기 위해서도 상사는 심리적 안정감에 대한 진심을 전해야 한다. 그러려면 무엇보다 꾸준히 실천하는 것이 중요하다. 이 선언을 필두로 이 책에서 소개하는 다양한 말을 부단히 사용하면서 행동하면 진심이 전해질 것이다.

또한 전원이 참가하도록 독려하려면 환경을 정돈하는 게 효과적이다. 그래서 매번 회의 서두에서 선언하거나, 옆 그림처럼 사무실이나 회의실의 눈에 띄는 곳에 붙여두거나,

화상회의 배경 화면으로 설정하는 등 의식할 기회를 늘려야 사람들의 행동을 실제로 바꾸게 된다.

회의를 시작할 때

시간도 없고 바쁘니
바로 첫 번째 의제로 들어가겠습니다

이 회의의 목표는 ~입니다

"이 회의의 목표는 ~입니다"라고 목표를 공유한 후에 회의를 시작해야 참가자 모두가 말을 꺼내기 쉬운 분위기가 형성된다. 여기에서의 목표란 회의 종료 후에 어떤 상태가 되어 있기 바라는지를 가리킨다.

목표는 다음 표와 같이 다섯 가지 유형이 있다.

회의 목표

[① 공유] 정보의 공유와 이해가 생긴다

보고한다. 데이터를 분석하고 확인한다. 가설을 낸다. 영향 범위를 이해한다.

[② 발산] 아이디어의 폭이 넓어진다

아이디어를 브레인스토밍한다. 방침을 이야기한다. 상대의 관점에서 생각한다. 타인의 관점과 수단을 검토한다. 의뢰·미팅·공유처를 이야기한다.

[③ 정리] 우선순위를 매긴다

긴급도·중요도를 생각한다. 투입해야 하는 시간과 업무량을 정리한다. 비용·리스크·이점을 검토한다.

[④ 의사결정] 할지 말지를 정한다

계속 검토할지 말지 진행 여부를 결정한다.

[⑤ 프로세스] 진행 방향이 합의된다

역할 분담과 스케줄을 합의한다. 모니터링 지표나 다음 회의 체크 포인트를 정한다.

최종 목표의 종류로 '① 공유 ② 발산 ③ 정리 ④ 의사결정 ⑤ 프로세스' 다섯 가지를 들었는데, 이를테면 주간 보고 회의에서는 ① 공유를 중심으로 진행해보자. 때론 어떤 중대한 문제가 발생했을 때 ② 발산에서 해결책의 아이디어가 나와

③ 정리에서 우선순위를 매기거나 다른 부서와의 연대를 검토하여 ④ 의사결정에서 해결책이 승인되고 ⑤ 프로세스에서 누가 무엇을 담당할지 합의하는 식으로 평소와는 다른 목표 회의가 될 것이다.

> "오늘 회의 목표는 메일로도 전했듯이 새로운 판촉 방법의 검토와 신상품의 캐치프레이즈 결정, 이 두 가지입니다."

이렇게 오늘은 ① 공유로 각각 보고해 상황의 공통 인식을 가지면 되는지 아니면 ④ 의사결정의 무언가를 정하기 위한 회의인지 목표를 알아야 구성원이 참가하기도 쉽고 그 관점에서 의견을 말하기도 쉬워진다.

인원이 너무 많으면 어려울 수 있으니 ① 공유는 기본적으로 메일이나 메신저에서 끝내고 ②~⑤에 집중하는 팀도 있다.

목표에 더해 상위의 중요한 것을 확인하자

회의마다 목표를 확인하는 것에 더해 중요한 것도 확인하도록 하자. 중요한 것이란, 이를테면 회사 전체의 미션(사명·기업·이념)이나 목적이다. 이것이 너무 장대한 경우에는 부서나 팀에서 중요시하는 걸 확인하면 도움이 된다.

영업부서라면 영업활동을 통해 고객과 친분을 쌓는다거나, 컴프라이언스 부서(기업 경영이 법령, 규정, 윤리, 사회통념에 맞도록 하는 내부 통제장치 – 옮긴이)라면 규율을 지키고 좋은 회사로 존재할 수 있게 하는 것 등이다.

팀에는 다양한 사람이 있다. 젊은 사람, 정년에 가까운 사람, 막 이직한 사람, 개인 실적이 신통치 않아 주눅 든 사람 등등. 이렇듯 전혀 다른 속성을 지닌 채 다양한 상황에 있는 구성원이 같은 방향을 바라보려면 공통된 미션과 가치 설정이 필요하다. 만일 아직 명확하게 언어화하지 않은 상태라면, 팀에서 중요한 것을 서로 이야기 나누는 시간을 별도로 설정해두자.

팀에서 중요한 것이 명확해지면 목표를 향해 같은 방향으로 편히 이야기할 수 있어 회의가 활성화된다.

아이디어가 나오지 않을 때

각자 한 사람씩 말해보세요

잠깐 시간을 줄 테니 적어보세요

　심리적 안정감의 본질적인 목적은 회의에 참여한 모두로부터 더 많은 의견과 아이디어를 모으는 것이다. 왜냐하면 회의를 통해 건전한 의견 충돌이 일어나 생각하지 못한 좋은 안건이 나올 수 있기 때문이다.

　따라서 처음부터 완벽한 정답이나 멋진 아이디어를 요구

하지 않도록 하자. 엉뚱한 의견도 포함해, 참석자 전원이 가능한 많은 의견을 내야 곧 좋은 의견이 나온다는 접근 방식이 필요하다. 어려운 의제가 있을 때는 당연히 '말하기 쉬움' 요소가 낮아 자유롭게 의견을 교환하는 것이 어렵다.

그래서 한 사람씩 지명해 의견을 말하도록 하기 쉬운데, 그런 방식으로 회의가 활성화되는 건 드물다. 그 대신 개개인이 직접 의견을 손으로 써보는 방식이 있다. 의견을 가지고 회의에 참석하라고 미리 과제를 내는 것도 효과적이다.

회의를 진행하는 중에 의견을 모으고 싶을 때도 몇 분 정도 시간을 확보해 그 자리에서 손을 움직여 직접 써보게 하는 작업도 대단히 좋다. 진행자가 의제(질문)를 내고 그에 대한 의견을 노트에 정리하게 하는 것이다. 스마트폰이나 노트북에 입력하는 게 빠른 사람은 그 방법도 상관없다. 어떤 생각이든 손으로 써보자.

셀프 브레인스토밍이 팀도 활기차게 만든다

혼자서 하는 브레인스토밍을 '셀프 브레인스토밍'이라고 불러도 좋다. 이렇게 시간을 들여 몇 분 후에 각자 소리 내어 읽는 식으로 발표하면 회의는 급격하게 활기를 띤다.

멀리 돌아가는 것 같기도 하고 회의의 흐름이 중단된 듯한 느낌도 들 수 있다. 하지만 머리로만 고민하다가 말할 때보다는 뭐라도 써볼 때가 같은 시간 속에서 공유하게 되는 구성원의 아웃풋이나 아이디어의 총량이 많아진다. 팀워크에서도 개인의 생각은 중요하다.

NG

- 최근 들어 미팅 중에 어떤 질문을 받았나요? A 님, 뭔가 할 말이 있는 것 같은데 어디 한번 들어볼까요?

- 네. 그게 엄청 많습니다. 음 업무일지에는 매일 많이 써서 제출하는데 말로 하려니 잘 나오지 않아서 죄송합니다.

OK

- 자, 모두 지금부터 5분 동안 미팅할 때 자주 받는 질문을 써볼까요? 그런 다음 A 님부터 시계 방향으로 순서대로 이야기해보도록 합시다.

이 방식은 화상회의에서도 편리하다. 이를테면, 구글 문서를 열어서 쓰거나 메신저 기능을 활용하는 식이다. 평소 적극적으로 발언하지 않는 사람이 메신저에서는 활발히 의견을 이야기하는 경우도 자주 있다.

써낸 것을 리더(진행자)가 훑어보고 "○○ 님, 의견 줘서 고마워요. 재미있네요. 좋아요. 수고했어요" 같은 '보상 말'로 답해주면 가장 좋다. 결과가 아닌 행동 자체에 '보상 말'을 전해 능숙하게 '행동 인정'으로 이어가자.

팀원이 낸 아이디어가 불안할 때

✕

글쎄, 그게 잘될까요?

고마워요.
다른 사람 의견도 들어봅시다

앞서 소개한 "'잠깐 시간을 줄 테니 적어보세요'라는 말처럼 써서 발표하게 했다가 질 낮은 아이디어나 엉뚱한 의견만 나오면 어떡하나요?"와 같은 질문을 종종 받는다. 언뜻 보기에 엉뚱한 의견이 있더라도 화이트보드에 써두거나 각자 메모지에 쓴 의견을 마지막에 회수해 공유 문서에 남기자.

의견이 좋은지 나쁜지의 판단은 접어두고, 일단 모두의 의견을 수렴한 후 최적의 답을 고르는 걸 기본 원칙으로 하자. 혹은 여러 안건을 융합해 새로운 안건으로 발전시키자.

지금 소개하는 "고마워요. 다른 사람 의견도 들어봅시다"라는 말은 발언자의 심리적 부담감을 급격히 줄여주는 효과가 있다. 마음먹고 낸 아이디어라도 리더나 선배가 보기에는 걱정스럽고 염려되는 요소가 있기 마련이다. 그럴 때 "글쎄, 그게 잘될까요?"라는 말을 듣는다면, 당사자뿐만 아니라 다른 구성원도 아이디어를 내기가 꺼려져 결국 입을 다물게 된다.

나는 '발언 자체'와 '발언 내용에 대한 반응'을 구분하라는 말을 자주 한다. 발언을 늘리는 게 중요하기 때문이다. 엉뚱한 발언이어도 일단 발언한 행동 자체에 고마움을 전하고 발언을 환영한다는 인식을 전해야 회의가 활성화된다.

또한 "의견을 내어줘서 고마워요"라고 고마움의 이유를 붙이는 게 효과적이다. 그런 다음 "다른 사람의 의견도 들어봅시다"라는 말을 더하면 누구든지 회의에서 의견을 말하기가 훨씬 수월해진다.

의견은 다양할수록 좋다

- 새로운 서비스를 소개해줄 고객을 늘릴 방법을 브레인스토밍합시다.
- 제가 담당하는 기존 고객으로부터 "지인에게 소개하고 싶은데 어떻게 설명해야 할지 모르겠다"는 말을 들었습니다. 이럴 때 고객이 지인에게 어떻게 설명하면 좋을까요?
- 의견 고마워요. 다른 사람 의견도 들어봅시다. B 님은 어떻게 생각해요?
- 제가 담당하는 고객에게 소개를 부탁했더니 "팸플릿이 있으면 지인에게 설명하기 좋을 것 같다"라고 조언해주셨는데 괜찮은 방법이라고 생각했습니다.
- B 님 의견도 고마워요. 다른 분들 의견도 들어봅시다.

다양한 의견이 결국 좋은 아이디어를 가져다준다는 믿음으로 생각나는 안건을 전부 말해보자. 아이디어끼리 화학반응을 일으키게 하려면 뒤에서 소개하는 "조합하면 좋을 의견이 있을까요?"라는 말도 함께 참고하자. 아이디어가 너무 많으면 정리되지 않을까 봐 불안해하는 마음도 잘 안다. 하지만 이 단계는 앞서 '회의 목표'에서 말한 ② 발산③ 정리의 단계다. 결정을 위해 최종으로 정리하는 것은 다음의 ④ 의사결정 단계에 양보하고 우선은 구성원으로부터 가능한 많은 의견과 정보를 끌어내자.

팀원은 최전선에서 생생한 정보와 최신 정보를 많이 얻는다. 리더가 깨닫지 못한 변화의 징후를 파악하고 있을지도 모른다. 팀원이 가진 정보를 많이 이끌어서 팀 전체 의사결정의 질을 높이자. 결정 단계에서는 일단 의견을 전부 취합한 후 마지막에 "주 담당인 ○○ 님이 결정하도록 합시다" 하는 식으로 결정 방법에 합의하는 단계를 넣어도 좋다.

16

다양한 의견이 여기저기서 나올 때

뭔가… 정리가 안 된 것 같은데…

조합하면 좋을 의견이 있을까요?

'말하기 쉬움' 요소가 너무 높으면 정리가 되지 않을까 봐 염려하는 관리직분들도 있다. 이럴 때는 시너지를 내는 사고방식을 기억해두면 좋다. 시너지synergy란 상승효과를 말한다. 두 개 이상의 것, 사람이나 일 등이 상호작용해 효과나 기능을 높이는 것이다. 직장으로 말하면, 복수의 구성원이 서로의 관점과 의견을 조합해 혼자 생각했을 때보다 큰 부가가치나 성과를 내는 것을 가리킨다.

물론 리더 측에서는 자기가 결정한 것을 "이렇게 합시다!"라고 철저히 주지시키는 것이 커뮤니케이션을 할 때 편할 수 있다. 하지만 리더조차 어떻게 해야 좋을지 잘 모르는 일도 많다. 특히 중요한 방침이나 의사결정, 앞으로 장기간에 걸쳐 영향이 있을 것 같은 일은 팀 전원의 의견을 모아 상승효과를 노리는 쪽이 중장기적으로 큰 이점이 있다.

삼각형 두 개를 나열한 그림을 사용해 시너지에 관해 설명하려고 한다. 팀에 A 대리와 B 대리가 있다고 하자. 이 두 사람의 의견에서 공통되는 부분은 뒤에서 소개하는 그림의 공통점(=삼각형에서 겹치는 부분)에서 보면 조금이다.

하지만 두 의견을 조합해 건설적인 의견을 더하면, 서로의 차이가 명확해지면서도 그 차이를 살린 새로운 아이디어가 생겨나기도 한다. 두 가지 관점이 있었기에 비로소 떠오른 아이디어가 뒤의 그림 좌측의 '화학반응'이다. 이렇게 시너지를 낼 수 있다면, 한쪽 의견을 접지 않고도 크고 넓은

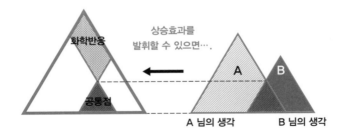

상승효과를
발휘할 수 있으면….

화학반응

A

B

공통점

A 님의 생각   B 님의 생각

전체 삼각형 중에서 적절한 아이디어를 고를 수 있다.

"많은 의견이 나왔는데 조합하면 더 좋을 것 같은 의견이 있을까요?"

이 삼각형에 비유한 이야기를 하면 "전혀 생각지도 못했
던 의견이 나오면 어떡하죠?"라는 질문을 하기도 한다. 사실
상 다른 의견이 충돌해 화학반응이 일어나면 이야기가 예기
치 않은 부분에 도착한다.

상정 외의 안건이 나오는 일도 드물지 않다. 상정 범위에
서 벗어난 역발상은 보수적인 기업에서는 경외시하기 쉽지
만, 이것이야말로 거침없는 변화의 시대에 요구되는 이상적
이며 흥미로운 회의 스타일이다. 처음부터 정해진 결론으로

진행할 수 있는 사항은 메일 등을 통해 결정 사항을 주지시키면 된다.

'회의는 자기 혼자서는 도출할 수 없는 결론을 얻기 위한 장'으로 생각하고 혼란이나 충돌, 예상 밖의 일도 즐기며 나아갈 수 있어야 한다.

시너지의 반대어는 아너지anergy로 두 요소를 조합한 결과, 가치가 하락하는 것을 가리킨다. 단순히 공통점에 이르게 하거나, 쌍방의 의견을 전부 받아들여 불편한 타협점에 빠지게 한다. 아너지가 아닌 시너지를 목표로 나아가자.

의견 충돌이 일어났을 때

무슨 의미인지 모르겠어요···

잘 몰라서 그런데
좀 더 자세히 설명해줄래요?

누구나 서로 의견을 말할 수 있는 심리적 안정감이 높은 팀에서는 종종 의견 충돌이 일어난다. 논의가 과열되면 "무슨 말인지 모르겠다", "당신은 잘 몰라"라고 말하고 싶어질 때가 있다. 하지만 이런 발언은 회의 분위기를 험악하게 만들고 '말하기 쉬움' 요소를 떨어뜨릴 뿐이다. 이런 상태에서 앞으로 논의가 발전하거나 좋은 아이디어가 떠오를 일은 거의 없다. 무슨 말인지 모르겠다고 단순히 부정하는 자세가 아닌, 상대가 낸 의견의 배경까지 파고들어야 가치 있는 목표를 향해 건전하게 의견을 충돌시킬 수 있다.

이럴 때는 "잘 몰라서 그런데 좀 더 자세히 설명해줄래요?"라는 말을 추천한다. 포인트는 잘 모르겠다고 전하고 상대가 자기 나름의 의견을 쉽게 말하도록 하는 것이다. 같은 기능을 가진 말로는 다음과 같은 말이 있다.

"고객이라고 생각하고 설명해줄래요?"

"그 분야의 초보라고 생각하고 설명해줄래요?"

처음에는 생뚱맞게 느껴지더라도 그 의견이 나오게 된 배경이나 착안점, 사고 프로세스 등을 공유하면 이러한 배경을 바탕으로 한 아이디어가 나올 수도 있다.

의견 대립을 두려워하는 진짜 이유

심리적 안정감이 없는 상태에서는 왜 의견 충돌을 두려

워하게 될까. 그 이유는 의견의 대립이 고스란히 인간관계의 대립이 되기 때문이다. 설령 업무상 의견이 엇갈렸을 뿐이라도, 당사자 사이에는 '일보다 사람'에 눈이 가서 무심코 인간관계에까지 영향을 끼치는 경향이 있다.

그 결과 '○○ 님에게 심하게 지적당했다', '○○ 님과 나는 의견이 전혀 다르다', '○○ 님은 분명 나를 싫어할 거야' 같은 생각이나 감정이 솟아 인간관계가 회복 불가능한 상태로 치닫기도 한다.

이런 사례는 너무 많아 일일이 세기도 어렵다. 당신도 어쩌면 그런 사례를 보고 들었거나 당사자가 된 적이 있지 않은가. 이런 식의 언쟁은 물론 조직이나 팀에 바람직하지 않다. 하지만 인간관계의 대립을 과도하게 두려워해 계속해서 의견 충돌을 피하는 것도 일을 진행하는 데 문제다.

이를테면, 상사의 방침에 치명적인 문제가 있음을 알고도 괜찮다고 답하는 것처럼 문제를 깨달은 사람이 있음에도 말하지 못하는 것은 때론 큰 트러블이나 불상사로 이어질 수 있다. 따라서 트러블 방지나 실적 향상을 위해 자유롭게 의견이 충돌할 순 있으나, 인간관계의 대립이 아닌 시너지를 낳을 만한 건전한 의견 충돌이 되어야 한다.

건전한 의견 충돌은 팀의 성장에 필수다

건전한 충돌이란 가치 있는 목표를 향해 다양한 의견이 거침없이 오가는 상태를 가리킨다. 우리 팀의 회의도 발언하지 않는 팀원에게 의도적으로 이야기를 몰아간다. 만일 조금 엉뚱한 의견이 나오더라도 "잘 몰라서 그러니까 좀 더 설명해줄래요?"라는 말을 사용하면 많은 사람의 의견을 끌어내기가 쉽다.

이 '보상 말'에 더해 균등한 발언을 목표로 비교적 경험이 적은 팀원부터 순서대로 의견을 말하게 하면 쉽게 발언을 끌어낼 수 있다.

생각만큼 결과가 나오지 않았을 때

왜 못했죠?

- -

해보고 알게 된 것을
함께 생각해볼까요?

성과를 보고하고 공유하는 회의 장면을 상상해보자. 개
중에는 생각만큼 결과가 나오지 않을 때도 있을 것이다. 그
럴 때 "왜 못했죠?"라고 묻는 것은 심리적 안정감을 위해서
도, 회의 활성화를 위해서도, 더욱 성과를 올리기 위해서도
전혀 효과적이지 않다.

앞서 "왜Why?"라는 질문을 받으면 사고가 멎어 죄송하다고 사죄나 후회를 하게 되니 "왜?"라고 묻는 대신 "무엇?", "어디?"를 물어 상황을 파악하는 것이 좋다고 했다.

여기서는 대처 후의 '수확'에 관해 묻는 방식을 소개한다. "해보고 알게 된 것을 함께 생각해볼까요?" 이렇게 말을 거는 목적은 행동한 본인만이 알 수 있는 체험이나 정보를 언어화해서 회의 자리에서 공유하는 데 있다. 그 공유를 통해 팀과 본인의 배움을 깊게 하는 것이 목적이다. 따라서 이 질문은 성과가 나왔을 때도 도움이 된다.

구체적인 예를 생각해보자. 인재 개발을 하는 부서에서 신입사원 연수를 담당한 팀원이 있다고 하자. 당신이 그 팀원에게 "이번 연수에는 참가자들의 의견이 너무 적게 나왔어요. 왜죠?"라고 성과에 대해 몰아붙여도 "아, 네. 죄송합니다" 혹은 "올해 신입사원들은 다 얌전해서"라는 말만 돌아올 뿐이다. 그럴 때는 다음 예를 참고해보자.

- 이번 신입사원 연수를 해보고 알게 된 것을 함께 돌아볼까요?
- 네. 생각만큼 신입사원들의 의견이 나오지 않았는데, 참가자들끼리

하는 이야기를 들어보니 ~라는 질문이 사실 답하기 어려웠던 모양입
니다.

- 그랬군요. 어떤 질문을 하면 답하기 쉬울지 함께 생각해봅시다.

회의 시간은 '벽치기 연습'이다

"해보고 알게 된 것을 알려줄래요?" 이 말에 "특별히 없습
니다"라는 답변이 돌아왔다고 해도 괜찮다. 다음 예와 같이
더 깊이 파고들어 가보자.

- A 님은 특별히 없다고 했는데 만일 '수확'이 있다면 어떤 것일까요? 회
  사가 좀 더 신경 썼으면 하는 사항도 부담 없이 말해주세요.

- 네. 말씀드리기 조금 어렵지만, 경쟁사와 비교하면 고객이 부족하다고
  느끼는 포인트를 알게 되었습니다. 그래서 영업하기 더 힘든 면이 있습
  니다.

- 그랬군요. 그 사항은 개발팀과 공동으로 개선해야 할 중요한 발견이라
  고 생각합니다.

이렇게 '수확'을 발굴하는 질문은 벽치기(자기 생각을 다른

사람에게 이야기하고 거기에서 돌아오는 반응을 바탕으로 더욱 생각을 깊게 하는 방법–옮긴이)의 일종이라고도 할 수 있다. 회의에서 비난하는 톤이 아니라 학습과 수확을 끌어내는 톤으로 이 벽치기 기법을 적극 활용하자.

실제로 우리가 일하고 있는 이 시대에는 뜻대로 되지 않는 일이 끊임없이 일어난다. 때문에 실패나 트러블에 주눅 들거나 반성하는 데 시간을 쓰지 말고, 변화를 깨닫고 궤도를 수정하기 위한 배움의 경험으로 삼자. "해보고 알게 된 것을 함께 생각해볼까요?"라는 이 말을 참고해 예상하지 못한 일이라도 알게 된 정보가 있다면 팀에 공유해 모두의 배움으로 바꾸어가자.

상대의 의견에 반론이 있을 때

✕

제 입장도 생각해주세요

~관점에서는 이렇게 생각합니다

회의 자리에서는 생각이 다른 상대와 논의해야 할 일도 있기 마련이다. 이를테면 영업팀과 개발팀, 사업팀 등과 생각이 다르면 담당하는 미션(사명·역할)도 달라 의견이 통합되지 않는 일이 빈번하게 일어난다. 생각이 다를 뿐인데, 우리는 무심코 상대의 의견을 상대 자체로 파악하고 '저 사람은 말이 통하지 않아', '저 녀석은 아무것도 몰라', '정말 짜증 나!' 하고 그 사람 자체를 평가해버리기 쉽다. 당사자 본인은 자기 역할이나 상황에 책임을 지고 발언했을 뿐인데 인간관계의 충돌로 발전해 조직이나 팀 내의 심리적 안정감을 떨어뜨린다.

그럴 때는 상황을 이해해달라고 애쓸 게 아니라, 일단 자신과 의견 사이에 조금 거리를 둔 "~관점에서는 이렇게 생각합니다"라는 말을 사용해보자.

개인이 아닌 직무의 관점으로 이야기하자

이해가 대립해 충돌이 일어날 것 같을 때 "이렇게 하면 잘되지 않을까요?", "좀 더 해보는 게 어떨까요?"라는 말을 사용하면 개인 VS 개인의 대립이 되기 쉽다. 그럴 때는 '과제·목표 VS 입장' 같은 구도로 펼쳐가면 '말하기 쉬움', '다름 환영' 요소가 높은 논의가 가능하다. 구체적으로 말하면 '나는'이라는 주어를 '~의 관점'으로 바꾸는 것이다.

- 신제품 발매일은 언제로 할까요? 가능하면 이번 분기에 실적을 쌓아야

하니 빠를수록 좋을 것 같아 연휴 직전으로 예정하고 있습니다만.

- 일정은 알아서 하셔도 좋아요. 단 홍보 관점에서 말하면, 기업 대상 상

    품이니 연휴 직전에 신제품 발매는 피하는 게 좋지 않을까요? 기업 담

    당자도 연휴에는 쉴 테니까요.

다른 예도 살펴보자.

- 이 패키지 어때요? 심플한 디자인이 트렌드라서요···.

- 모던하고 좋은데요. 다만 영업 관점에서 한마디 하자면, 가게의 앞쪽에

    진열했을 때 타사 제품에 묻혀 눈에 잘 띄지 않을 것 같아요.

- 눈에 띄지 않으면 곤란하죠. 그럼 화려한 버전으로 가볼까요?

이처럼 눈에 띄는 게 좋다는 의견을 전하고 싶을 때 "눈
에 띄기 힘들 것 같다"라고 직설적으로 말해버리면 설령 그
것이 적확한 의견이라도 상대는 받아들이기 힘들다. 그러나
"영업 관점에서 말하면"이라는 문구를 더함으로써 발언자
개인의 취향이 아닌 영업 관점의 의견으로 받아들이게 할
수 있다. 그렇게 되면 '어디 이야기나 들어볼까?' 하는 마음

이 생겨 한결 건설적으로 논의하게 된다.

　아래 그림처럼 얼핏 보기에는 여러 사람이 제각각 말을 하고 있어도, 안전하게 목적지로 향하는 같은 배에 탄 동료임을 잊지 말자.

재택근무가 늘어나니 팀을 꾸리고 팀워크를 다지기가 어려워졌다는 말을 종종 듣는다. 재택근무에서도 심리적으로 안전한 팀을 만들기 위해 실제 대면했을 때와의 차이를 정리해보자.

재택근무에서는 동료의 모습이 자연스럽게 들어오지 않는다. 따라서 서로 간의 대화를 아끼지 않아야 한다. 말하지 않아도 통하고 알아줄 거라는 믿음은 버리고 가능한 대화의 양자체를 늘리자.

면담을 청하는 쪽은 해결을 위한 행동만이 아닌 그렇게 생각하는 이유와 목적까지 꼼꼼하게 알려주자. 면담에 응하는 쪽도 잘 모르는 것은 그냥 넘기지 말고 "이 부분은 이렇게 이해하면 될까요?", "이 부분을 좀 더 자세하게 설명해줄래요?", "다음에 비슷한 일이 일어났을 때 직접 대응할 수 있게 목적과 의도까지 함께 알려줄래요?"라고 꼭 한 걸음 더 나아간 질문을 하자.

'확실한 회신' 전에 '바로 반응'하기

메일로 기획서나 보고서 확인을 의뢰받으면 내용을 읽고 판단이 필요한 회신을 하기까지 시간이 필요할 때도 있다. 그런 때에도 일단 "기획서 고마워요. 다음 주 초까지는 확인할게요"라고 메일을 받았다는 확인과 작업 자체에 대한 고마움을 즉시 알리자. 이 과정이 발신자의 심리적 안정감을 높인다. 이를 게을리하면, 특히 원격에서는 서로 얼마나 바쁜지가 보이지 않기 때문에 발신자는 아무래도 부정적인 방향으로 상상의 날개를 펼치게 된다.

'내용이 부실해서 화가 난 것은 아닐까?', '주제에서 너무 빗나가지는 않았을까?', '나를 싫어하는 건 아닐까?' 이렇게 되면 면담과 질문이 줄어드는 악순환에 빠진다. 먼저 "잘 알았습니다", "생각해줘서 고마워요"라는 한마디라도 즉시 돌려 주자.

온라인 회의를 활성화하는 여섯 가지 방법

사내 회의든 고객 상담이든 이제는 온라인 미팅을 피해갈 수 없다. 온라인 회의가 대면 회의와 비교해 힘들다고 느끼는 사람도 많은데, 그 이유는 발신자와 수신자 측 모두 상황 파악이 어렵기 때문이다.

발신자: 다른 구성원이 내 이야기를 이해하고 있는지 잘 모르겠다.

수신자: 발신자가 나를 향해 이야기하고 있는 건지 잘 모르겠다.

이런 점들을 해소하고 온라인 회의에서 심리적으로 안전하게 일을 진행하는 중요 포인트 여섯 가지를 엄선해 소개한다.

① 웹 카메라를 켠다

온라인 회의에서는 웹 카메라를 켠 상태로 대화를 진행하는 게 이상적이다. 실제로 듣는 사람 모두가 카메라가 꺼진 상태

에서 계속 발신하는 것을 매우 곤란해한다. 보안상의 이유 등
으로 정해진 경우는 어쩔 수 없지만, 가능한 카메라를 켜둔
후 리액션을 습관화하자. 또한 웹 카메라를 사용할 때는 되도
록 보고 있는 화면과 웹 카메라를 가까이 두고 상대와 시선을
맞추자.

② 리액션을 30퍼센트 늘린다

온라인상에서 리액션은 오프라인보다 30퍼센트 늘리자. 모
니터에 구성원의 영상이 여럿 나열된 상황에서도 리액션을
크게 하면 진행자의 눈에도 자주 띈다. 그러면 '내 목소리가
전해지고 있구나!' 하고 진행자의 불안을 줄일 수 있다. 온라
인 회의 후에는 머리가 얼얼할 만큼 리액션이 큰 구성원이 늘
수록 팀 전체에 말하기 쉬운 분위기가 형성된다.

③ 주변을 일부러 보이게 한다

온라인 회의 중에 이야기를 들으면서 사실은 다른 일을 했다
고 밝힌 사람이 있다. 발언을 듣는 척하면서 스마트폰을 보
거나 의제와는 상관없는 자료를 읽는 식이다. 말하는 사람은

'내 말을 듣고 있는 걸까?', '온라인 회의 중에 딴짓하는 건 아닐까?' 하고 의심이 꼬리에 꼬리를 문다. 그래서 말하는 사람에게 안도감을 줄 수 있는 듣기 방식이 필요하다.

예를 들어, 자기 주변을 보여주는 것은 상대에게 당신의 이야기를 집중해서 듣고 있다는 메시지가 된다. 회의 자료 출력물을 손에 쥐고 있는 장면을 상대에게 보이면 더욱 좋다.

④ 지명하여 발언을 활성화한다

상대의 이야기가 듣고 싶으면 "○○ 님은 어떻게 생각하세요?"라고 지명해 묻는 것이 효과적이다. 대면 회의에서는 상대의 얼굴을 보고 시선을 맞추면 의견을 구한다는 사실을 상대가 알 수 있지만, 온라인에서는 눈을 맞추지 못하기 때문에 지명이 시선 대신이 된다.

소극적이거나 내성적인 구성원은 의견이 있어도 스스로 말하기 어려운 경우도 많으니 "○○ 님, 지금까지 듣고 느낀 점을 말해줄래요?"라고 지명해 때로는 자연스럽게 발언을 유도하는 것도 효과적이다.

⑤ 메신저 기능을 활용한다

의제를 미리 공유하고 메신저를 사용해 아이디어를 모으는 방법도 좋다. 일대일에서는 사용할 일이 별로 없지만, 카메라를 켜기 어려운 상황이나 참가자가 많을 때 이 메신저 기능은 매우 효과적이다.

20명의 의견을 순서대로 들으면 한 사람당 2분이라도 40분이 걸리지만, 메신저에 올리고 훑어보는 방식이면 다양한 아이디어가 빠르게 나와 밀도 높은 시간을 만들 수 있다.

내가 실시하는 온라인 연수도 메신저를 활용해 대화 형식으로 진행한다. 강사가 낸 '의제'에 대해 참가자의 목소리나 아이디어를 모아, 수강하는 분끼리 배움을 공유하는 방식을 채택해 호평받고 있다.

⑥ 준비가 전부라는 생각을 가진다

일대일 면담을 온라인에서 진행한다면 의제를 미리 준비하는 다른 회의처럼 질문하고 싶은 것이나 확인하고 싶은 내용을 미리 준비해두자.

좋은 팀을 만드는 방법 중 하나로 일대일 소통이 주목받고 있지만, 어떻게 해야 좋을지 모르는 사람들이 많다. 상사와 부하 직원의 일대일 시간이 즐거워지는 말을 소개한다.

3장

일대일 소통이
매끄러워지는 말투

20

일대일 시간을 새롭게 개선하고 싶을 때

일대일에서 어떤 이야기를 하면 좋을까!

이 시간은 당신을 위한 자리입니다

"다음 달부터 우리 회사에서도 일대일을 실시합니다. 팀장이라면 2주에 1회 정도 최소 30분은 팀원과의 일대일 면담을 실시하도록 합시다."

어느 날 갑자기 회사 대표가 이런 발언을 했다고 하자. 아마도 이전에도 팀장은 팀원과 둘이서 대화할 시간을 만들어 일대일을 실시했을 것이다. 하지만 자세히 들여다보면, 실제로는 팀에서 하는 정례회의의 연장처럼 개별 업무 보고에 조언이나 지적을 하지 않았을까. 왠지 개인 지도 자리 같아서 팀원도 거북한 시간으로 여겼을지 모른다.

서로가 일대일을 불편해한다. 일대일에서 의미를 찾을 수 없을뿐더러 효과도 없다고 생각하는 사람이 많지 않을까. 먼저 리더와 팀원이 일대일에 대한 공통 인식을 가질 필요가 있다. 조직에 따라 일대일의 정의가 다르겠지만, 효과적인 일대일은 다음과 같은 특징이 있다.

일대일은 상사의 시간이 아닌 부하 직원의 시간, 리더의 시간이 아닌 구성원의 시간이라고 여긴다.

일단은 상사가 하고 싶은 말을 하는 자리도, 묻고 싶은 것을 묻는 자리도 아니라는 전제 조건을 갖춘다. 우리 회사에서도 "이 시간은 당신을 위한 자리입니다"라고 매번 일대일 면담 서두에 미리 말하고 시작한다.

또한 좋은 일대일의 정의가 두 가지 있다. 하나는 구성원

스스로 깨닫는 것, 또 하나는 구성원의 행동에 선택지가 늘어나는 것이다. 당신의 일대일 자리는 어떤가. 지금까지 업무를 진행하는 장이 되어버렸거나, 상사 본인이 하고 싶은 말, 본인이 묻고 싶은 말을 중심으로 일대일을 실시해왔다면 새롭게 시작해보자.

지금까지를 돌아보고 인정하는 것부터 시작한다

어제까지는 심리적 안정감이 낮은 팀이었는데 갑자기 상사가 아무런 설명도 없이 이 책에서 소개한 말로 바꾼다면 '팀장님 왜 저러실까?' 하고 의아해할 수 있다.

심리적 안정감을 확보하려는 생각을 팀원과 공유하려면, 먼저 팀장인 자신의 말과 행동부터 바꾸겠다고 팀원에게 허심탄회하게 전하는 것부터 시작하자. 우리는 본인의 잘못이나 개선점을 솔직하게 인정하는 것을 몹시 두려워하는 생물이다. 하물며 팀장이 팀원에게 그런 사실을 인정하고 전하는 건 당연히 매우 곤란하다. 하지만 팀장이 말과 행동을 바꿈으로써 팀의 심리적 안정감 향상에 끼치는 영향은 절대적이다.

상사나 리더는 '도움이 된다면 곤란하더라도 현실을 인정하고 바꾸어간다'라는 유연한 마음, 이른바 심리적으로 유연한 리더십을 키워야 한다. 예를 들어 심리적으로 안전한 팀을 목표로 하겠다고 선언하면서, 과거 자신의 말과 행동이 절대 뛰어나지 않았음을 인정하고 그것을 바꾸어가겠다고 약속하는 것이다. 그런 곤란한 일을 실제로 옮겼을 때 구성원에게 당신의 진심이 전해진다.

실제로 어떤 말로 전하면 가장 좋을지는 상대와의 관계나 상황에 따라 다르다. 당신의 진심이 고스란히 전해질 말을 유연하게 생각해보자.

21

✕

지금 하는 일 확인 좀 할 수 있을까요?

- -

최근에 일하면서 재미있었던 일은
무엇인가요?

일대일은 리더가 묻고 싶은 것을 묻는 시간이 아니다. 하지만 효과적인 일대일을 위해서는 구성원을 더 깊이 이해할 필요가 있다. 따라서 일대일 도입 초기나 새 구성원과의 일대일 자리에서는 서로를 깊이 알기 위한 대화가 중요하다.

그렇다고 갑자기 사적인 질문을 하는 것도 이상하고 애

초에 어느 선까지 물어야 하는지도 모르겠다면 "최근에 일 하면서 재미있었던 일은 무엇인가요?"라는 말을 사용해 이야기를 시작해보자.

너무 직설적이다 싶으면 "○○ 님이 어떤 사람인지 알고 싶어서…"라고 말을 꺼내보자.

- 최근에 일하면서 재미있었던 일은 무엇인가요?
- 거래처를 방문했는데, 저는 잘 모르는 이전 담당자인 ○○ 부장님 소식을 들을 수 있어 재미있었습니다.
- 오 그랬군요. 혹시 다른 재미난 일은 또 없나요?
- 다른 일은… 사실은….

이 질문에는 세 가지 포인트가 있다. 일단 '최근에 생긴 일'이어야 한다. '지금까지'와 같은 말을 해서 돌아보는 시간이 너무 길면 생각하는 데 시간이 걸려 대화의 흐름이 끊기기 쉽다.

두 번째는 '일'에 한정한다는 것이다. 사적인 이야기에 발을 들이지 않으므로 묻는 사람도 편하고 답하는 사람에게도 쉬운 화제다.

마지막은 '즐겁게 들어주는 것'이다. 사람에 따라 재미를 느끼는 포인트는 다르다. 그 사람이 재미있어하는 것을 물으면 관심사나 그 사람다운 개성이 나타난다.

만일 "특별히 없습니다"라고 답했다면, 다음 네 가지 패턴을 제시해 물어봐도 좋다.

사람마다 다른 '즐거운 일'의 네 가지 형태

어떤 일을 즐겁다고 느끼는지는 사람마다 다르다. 이 재미를 느끼는 기준에는 크게 달성, 이해, 착상, 공헌의 네 가지가 있다.

달성	성과나 결과를 냈을 때, 좋은 물건을 만들었을 때.
이해	이유나 원인, 메커니즘이나 본질적인 것을 알게 되었을 때.
착상	자신만의 아이디어가 떠올랐을 때.
공헌	다른 사람에게 도움이 되고 있음을 실감했을 때.

이렇게 네 가지를 제시하면 '이 친구는 공헌에서 재미를 느끼는구나…'처럼 대부분 하나 정도는 경향이 보인다. 일

대일 중에 알게 된다면, 구성원에 대한 관찰 방향이나 말을 거는 방식 등도 연구할 수 있다.

달성 욕구가 강한 구성원에게는 결과가 나온 타이밍에 말을 걸거나 결과를 기대하는 말이 도움이 되고, 공헌 욕구가 강한 구성원에게는 주위의 평판이나 감사 인사를 바로 전하는 것이 효과적이기에 이렇게 코칭할 수 있다.

이런 말 걸기 방식은 어떤 의미에서는 앞에서 다룬 '인사'와 마찬가지로, 상대의 상태를 관찰하여 깊이 이해하기 위한 질문 방식이라고 볼 수 있다. 일대일로 구성원을 깊게 이해하고 그 구성원에게 친근하게 말을 건넨다면 '다름 환영' 요소가 높아져 팀의 심리적 안정감 향상으로 이어진다.

상대의 특기나 강점을 알고 싶을 때

✕

당신의 강점은 무엇인가요?

- -

어떤 일로 칭찬받았나요?

바로 앞의 "최근에 일하면서 재미있었던 일은 무엇인가요?" 말에서는 구성원을 더 깊이 이해하기 위해 '재미있는 일'에 대해 물었다. 이번에는 특기나 강점을 알기 위한 표현을 소개한다. 단도직입적으로 물어서 알려달라고 할 수도 있지만, 심리적 안정감이 높은 일대일 시간을 위해 이왕이면 좀 더 궁리해보자. 이때 포인트는 두 가지다.

① 말하기(대답하기) 쉽게 질문할 것
② '서로 돕기'나 '도전'으로 이어질 것

①로 말하자면, 겸손이 미덕인 문화에서 "이것이 강점입니다", "~를 잘합니다"라고 득의양양하거나 자기 어필을 하면 좋은 이미지를 주기 어려울지도 모른다. 그래서 직설적으로 강점을 물어봐도 "잘 모르겠습니다"라고 대화가 끊기기 쉽다.

또한 의외로 자기 자신은 잘 모르는 법이다. 당신도 갑자기 "당신의 강점은 무엇입니까?"라는 질문을 받았다면 답하기 어렵지 않을까. 그럴 때 주위에서 칭찬받은 일을 물어서 떠올리게 하면 답하기가 훨씬 수월해진다.

특기나 강점은 '서로 돕기'와 '도전' 요소를 높인다
②번의 '서로 돕기'와 '도전' 요소로 이어지는 예를 살펴보자.

['서로 돕기' 요소로 이어진 경우]

- 일하면서 어떤 때 자주 칭찬을 받았나요?

- 그게… 이전 부서에서는 고객 정보를 정리하고 분석해 보고서를 작성
  했을 때 알기 쉽다고 칭찬받았습니다.

- 그래요? 멋진데요. 분석에 강하군요.

- 네. 학창 시절부터 수치를 이용한 데이터 분석과 가시화를 잘했습니다.

- 와, 든든한데요. 앞으로 분석과 가시화로 곤란할 때 도움을 청해도 될
  까요?

['도전' 요소로 이어진 경우]

- 어떨 때 일에서 칭찬받았나요?

- 기획서를 냈을 때 "알기 쉽다", "네이밍 센스가 좋다"라고 칭찬받은 적
  이 있습니다.

- 아, 네이밍 센스를 칭찬받은 적이 있군요. 그럼 이번에 영업팀에서 판
  촉 캠페인을 기획할 때 캠페인 명칭을 한번 만들어볼래요?

- 오 재미있을 것 같습니다! 배워가면서 해보겠습니다.

- 적극적으로 지원하죠. 우리 제대로 한번 해봅시다.

구성원의 특기나 강점을 알면 알수록 팀 내 적재적소에 배치할 수 있다. 잘하는 일은 퀄리티도 좋고 속도도 빨라 결과적으로 팀 전체의 능률도 오른다. 경험이 적은 구성원이라면, 아직 서툴다고 생각하는 일도 일단 반복해 행동하는 중에 기량이 향상돼 능숙해질 수 있다.

상대가 하고 싶은 말을 듣고자 할 때

뭐든 좋으니 하고 싶은 말을 해보세요

○

나쁜 소식과 좋은 소식을 알려주세요

앞서 두 개의 말은 주로 구성원을 깊이 이해하려는 목적으로 새 구성원과의 일대일 도입 초기에 사용하면 좋은 '응원 말'이었다. 이번 말과 다음 말에서는 일대일에서 보다 폭넓게 효과를 발휘하는 범용성 높은 말을 소개한다. NG 상황의 예인 "뭐든"부터 살펴보자.

- 뭐든 좋으니 하고 싶은 말을 해보세요.

- 뭐든 괜찮습니까? 아, 그런데… 지금 이 자리에서는 잘 생각나지 않습니다.

- 그래요? 좋아요. 그럼 잠깐 묻고 싶은 게 있는데….

이렇게 일대일을 마무리해버리면, '상대가 하고 싶은 말을 하게 하는 것이 일대일이라고 뭐든 말해도 좋다고 했는데, 상대는 딱히 할 말이 없다. 결국 내가 묻고 싶은 것을 묻는 자리가 되고 말았다'와 같은 상황이 펼쳐진다.

하지만, 당신 역시 뭐든 좋으니 하고 싶은 말을 해보라는 질문을 받는다면 생각만큼 말이 술술 나오지 않을 것이다.

"최근 한 달 이내의 나쁜 소식과 좋은 소식을 알려주세요." 이것은 내가 코칭 스승에게 코칭을 받을 때도, 윗사람과 일대일을 할 때도 실제로 사용해보면서 '이거야!' 하고 무릎을 쳤던 문구다. 이후 일대일을 처음으로 도입하는 리더에게도 추천해왔다. 이 말은 상대에게 나쁜 소식과 좋은 소식을 공평하게 보고해 달라고 하는 호소다.

[나쁜 소식의 예]

- 고객에게 ~와 관련하여 질책받았습니다.

- ~를 잊어버렸습니다(실수했습니다).

[좋은 소식의 예]

- 고객에게 ~라는 칭찬을 받았습니다.

- 신규 수주가 늘었습니다.

포인트는 나쁜 소식부터 묻는 것이다. 그리고 아무리 나쁜 소식이라도 알려줘서 고맙다고 알려준 자체에 감사를 전하는 '보상 말(이후 142~145쪽에서 소개할 25번째 말 참고)'을 함께 전하자.

나쁜 소식에서 업무 개선이 이뤄진다

- 나쁜 소식은 거래처로부터 '견적서에 사진이 없어 보기 어렵다'라고 지적받은 일입니다.

- 알려줘서 고마워요. 확실히 우리 견적서는 숫자뿐이라 고객에 따라서

는 사진을 덧붙이면 수주율이 오를 수도 있겠네요. 한번 시도해봅시다.

이런 식으로 나쁜 소식에서 업무 개선이 이뤄지기도 한다. 일일 보고나 주간 보고 등 일상적으로 보고를 받아들이는 시스템이 갖춰진 경우에도, 이야기하는 중에 중요한 정보를 얻어 조기에 문제의 징후를 발견할 수 있다.

또한 좋은 소식을 물어 소극적인 팀원의 공적이나 칭찬거리를 찾으면 더 나은 팀 운영으로 이어질 것이다.

개인적으로 힘든 일은 없나요?

내가 알아뒀으면 하는 일이 있을까요?

일대일에서 두 번째로 범용성이 높은 말은 "내가 알아뒀으면 하는 일이 있을까요?"이다. "개인적인 일이라도 괜찮으니…"라고 한마디 덧붙여도 좋다. 어디까지나 상대가 스스로 판단해 '알리는 쪽이 낫다'라는 뜻을 비치게 해야 한다. 이 질문은 흔히 하기 쉬운, 상사나 리더 자신이 알고 싶고 듣고 싶어서 묻는 'for me' 질문이 아니라 상대에 초점을 맞춰 상대가 어떤 말을 전할지 생각하게 하는 'for you' 질문이 되어야 한다.

- 내가 특별히 알아뒀으면 하는 일이 있을까요? 개인적인 일이라도 괜찮아요.
- 사실은 장인께서 매우 편찮으셔서 당분간 주 2회는 통원 치료를 해야 합니다.
- 그런 일이 있었군요. 걱정이 많겠네요.
- 지병이 재발하는 바람에요. 가족 중에 운전하는 사람이 저밖에 없어서 제가 모시고 가야할 거 같습니다.
- 잘 알겠습니다. 가능한 가족을 우선으로 합시다. 수요일 아침 전체 회의만큼은 되도록 참석했으면 좋겠는데, 온라인으로 참석해도 상관없어요. 오전 일정을 잠시 비워두고 미팅 건은 오후로 잡읍시다.
- 당분간 죄송하게 되었습니다. 주치의는 한 달 정도 통원 치료가 필요하다고 하네요.
- 힘들 때는 서로 도와야죠. 걱정할 거 없어요.

개인적인 이야기를 어느 선까지 물어야 할지 혹은 물어야 할지 말지 고민하는 분들도 많다. 이 말의 장점은 어디까지 밝힐지의 선택권을 상대에게 맡겨, 넘치지도 모자라지도 않게 이야기를 들을 수 있다는 점이다. 적극적으로 말을 꺼내기는 어렵지만, 업무에 지장을 줄 가능성 있는 일을 원만하게 털어놓을 수 있다.

직장에서 얼굴을 마주하는 구성원은 자택에 돌아가면 저마다 다양한 사정을 안고 있다. 아무리 우수한 사람이어도 그렇다. 겉으로 나타낼 수 없는 배경도 포함해 구성원을 이해하고 받아들일 수 있어야 한다.

리더도 분명 나름의 특별한 사정이나 고충이 있으리라 생각한다. 그럴 때면 상대와의 관계성이나 기회를 보고 "○○ 님에게는 말하는 게 좋을 것 같아서"라고 먼저 말을 걸어도 좋다.

만일 상대가 심각한 고민을 털어놔서 바로 대응을 하거나 해결이 어렵다면, 그 자리에서 '이렇게 하자'라고 황급히 대응책이나 해결책을 제시할 필요는 없다. 우선은 상대를 받아들이는 것이 중요하다.

일상의 말을 받아줄 수 있는 리더가 되자

"내가 알아뒀으면 하는 일이 있을까요?"라는 질문은 직장에서 일상적으로 사용할 수 있다. 시시각각 상황이 바뀌는 중에 '알아뒀으면 하는 것'을 시의적절하게 공유할 수 있다. "특별히 없습니다", "괜찮습니다" 같은 답변이 여러 번 계속되는 구성원이라도 "그래요? 알겠어요. 무슨 일 있으면 말해주세요" 하고 받아주자.

또한 말을 하지 않는다고 화내지 않도록 주의하자. 절대 화를 내어서는 안 되고 구성원이 일상의 일부를 말해줄 수 있도록 먼저 신뢰 관계를 구축하도록 하자.

개인적인 고민을 말해줬을 때

정말요?

그랬군요. 말해줘서 고마워요

앞의 "내가 알아뒀으면 하는 일이 있을까요?"라는 말은 상대와의 관계나 타이밍에 따라 개인적인 고민까지 들을 수 있는 말이다. 하지만, 가끔 심각한 고민을 듣게 되면 뭐라고 답해줘야 할지 난감할 때가 있다. 본인이나 가족의 위중한 병 이야기나 배우자와의 이혼 이야기 등은 "그럼 이렇게 합시다" 하고 그 자리에서 현명한 조언이나 해결책을 제시하기 어려운 유형의 화제다.

그럴 때는 무심코 "정말요?" 하고 놀라는 반응을 보이지 않도록 주의하자. 믿기지 않는다는 솔직한 기분을 드러낸 말이지만, 상대는 '믿기지 않는다고? 저렇게 놀랄 만큼 심각한 이야기를 했나?'라고 받아들일 수 있다. 먼저 상대가 말해준 사실에 고마움을 전하고 상대의 복잡한 사정을 받아들일 수 있다면 한 걸음 나아간 것이다.

혹은 "가족이 위중하다는 어려운 이야기를 공유해줘서 고마워요"처럼 공유한 상대의 사정을 가슴에 한번 새기고 말을 이어가도 좋다. 더 이상 전할 말이 없어 잠시 침묵이 흐르더라도 황급히 말을 더할 필요는 없다. 침묵의 시간도 상대를 받아들이는 중요한 과정이기 때문이다.

발언했다는 행동 자체에 고마움을 전하자

개인적인 심각한 고민 이외에도 구성원이 말하기 어려운 상황이 있다. 심리적 안정감 연구의 세계적 권위자인 하버드대학교 에이미 에드먼드슨 교수는 상대에게 '무지·무능·

방해·부정적'이라고 생각될 우려가 있는 대인관계의 리스크를 들었다. 아래 네 가지 카테고리에 해당할 때 사람은 말을 하기가 어려워진다.

무지	상대방이 이 사실을 알고 있는 게 좋지만 '그런 것도 몰라?' 라고 자신을 무지하다고 생각할지 모르기 때문에 걱정돼 질문할 수가 없다. 필요하더라도 질문이나 면담 요청을 하지 않게 된다.
무능	자기가 한 실수나 트러블을 보고하면 무능한 사람으로 찍힐 수 있기 때문에 보고할지 말지 망설이다가 타이밍을 놓친다. 결국 자기 생각을 말하지 않는다.
방해	고객에게 부정적인 지적을 받고 난감해서 상사에게 의논하고 싶지만, 오히려 상사에게 방해가 될까 봐 의논할 수 없다. 필요해도 도움을 청하지 않고 불충분한 일이라고 타협하게 된다.
부정	리더나 상사가 추진하는 프로젝트에 근본적인 문제나 걱정이 있어도 부정적인 사람으로 찍힐 수 있기에 말할 수 없다. 때문에 시시비비로 논쟁하지 않고 반대 의견이 있어도 말하지 않는다.

이런 리스크가 있음에도 구성원이 용기 내어 말해준다면 설령 발언 내용에 동의할 수 없더라도 "말해줘서 고마워요" 라고 답하고, 보고 내용이 심각하더라도 "말하기 어려웠을

텐데 보고해줘서 고마워요"라고 이야기해주자. 발언하고 보고하는 행동 자체에 감사 인사를 전하는 것은 '말하기 쉬움', '서로 돕기' 요소의 관점에서 특히 중요하다.

무조건 잘되게 하는
'계기 → 행동 → 보상' 프레임워크

리더를 대상으로 하는 연수에서 소개하면 "눈이 확 트였다!"
라는 피드백을 받게 되는 '행동분석학'이라는 학문 분야가 있
다. 행동분석학이란, 사람들의 행동을 예측해 영향을 끼칠 수
있는 행동과학이다. 아래 그림과 같이 단 세 개의 상자를 사
용하여 사람들의 행동을 분석하는 것이 행동분석의 중요한
프레임워크다.

계기	그 사람이 행동을 일으키는 상황·맥락
행동	그 사람이 스스로 취하는 액션
보상	행동한 후의 결과가 Happy한가?

특히 중요한 것은 마지막 보상에서 자기가 한 행동 직후의 감정이다.

- Happy한 보상이 있다 → 다음에 같은 행동을 취할 확률이 높아진다.
- Unhappy한 보상이 있다 → 다음에 같은 행동을 취할 확률이 낮아진다.

조금 이해하기 어렵다면 일상생활에서 생각해보자.

배가 고파서(계기) 동료가 추천한 식당에 가서 밥을 먹었더니(행동) 엄청 맛있었다는 경험을 하면(평가), 유사한 계기로 배가 고플 때 다시 같은 식당에 밥을 먹으러 갈 행동을 할 확률이 높아진다.

이런 식으로 사람은 행동 후에 Happy한 생각이 들면 다음에도 비슷한 계기에서 같은 행동을 반복하려 하고, Unhappy한 생각이 들면 행동을 줄인다.

벌과 불안이 만연한 팀은 앞으로 나아갈 수 없다

이론상으로는 당연하다고 생각하겠지만, 리더인 당신에게 부하 직원이 실수나 트러블을 보고한다면 어떻게 반응할까?

실수나 트러블을 줄이기 위해서라도 "이렇게 되도록 왜 가만히 있었느냐?"라고 부하 직원을 나무라는 경우도 적지 않을 것이다.

하지만 '보고하는 부하 직원의 입장'에서 행동을 분석해보면 마치 맛이 없는 식당에 다시 가지 않는 것과 마찬가지로 다시는 상사에게 보고하지 않게 된다. 심리적 안정감이 낮고 벌과 불안이 만연한 직장에서는 구성원의 많은 행동에 Unhappy한 보상이 돌아온다.

이를 원인으로 사람들은 마침내 행동하지 않게 되어 성과도 나오기 어려워진다. 벌과 불안이 만연해 심리적으로 안전하지 않은 직장은 '혼나지 않는 범위에서 지시받은 일만 하자', '괜히 일을 만들지 말자'라며 사람들을 소극적으로 만든다.

행동의 질이 중요한지, 양이 중요한지를 확실히 정한다

물론 실수나 트러블 자체는 바람직하지 않다. 하지만, 이왕 일어난 일이라면 숨김없이 보고하는 게 그냥 지나가는 것보다 훨씬 바람직하다. 행동분석을 알아두면, 바람직한 행동에 Unhappy한 벌을 줘서 행동 자체를 줄여버리는 상황은 피할

수 있다. 행동의 질이나 결과가 아닌 행동 자체의 양을 늘릴

지 말지를 확실하게 하자.

"말하기 어려웠을 텐데 말해줘서 고마워요"라는 말은 발언

의 내용 자체는 심각한 고민이나 트러블이었다고 해도, 말

해줬다는 바람직한 행동 자체에 감사를 전하고 조금이나마

Happy한 보상을 주는 말이다.

행동분석학의 프레임을 자연스럽게 배운다

이미 눈치챈 분도 있겠지만, 행동분석의 계기를 만들고자 하

는 시도가 '응원 말'이다. 그리고 보상을 말로 만들고자 하는

시도가 '보상 말'이다. 응원 말로 행동을 독려할 뿐만 아니라,

구성원이 행동한 후에 보상 말까지 세트로 전하여 바람직한

행동을 다시 하게끔 하는 것이 중요하다.

이때의 보상 말은 보상으로서, 행동을 취한 구성원 본인이 확

실하게 실감할 수 있는 Happy가 되어야 한다. 따라서 거듭 이

야기하지만 고맙다고 말만 할 게 아니라, 당신이 무엇을 고맙

게 느꼈는지 이유를 붙여 감사를 전하고 Happy를 만드는 것

이 행동을 반복하게 하는 비결이다.

26

그럼 나도…

- -

좀 더 들려줄 수 있을까요?

일대일에서는 '내가 즐거운 시간이 곧 상대가 즐거운 시간'이라는 오해의 덫에 빠지기 쉽다. 애인이나 친구들과 함께 즐겁게 보내고 있을 때는 나도 상대도 즐거운 법이다. 그러나 일대일은 '상대의 시간'이라는 원칙을 떠올리자. 나의 즐거움보다 상대가 하고 싶은 말을 할 수 있도록 배려해야 한다.

특히, 상대로부터 흥미로운 이야기나 관심 있는 이야기가 나왔을 때는 주의가 필요하다.

> **NG**
>
> - 지난 휴일에 처음으로 캠핑을 갔어요.
>
> - 어, 캠핑? 나도 3년 전부터 빠져 있는데, 지난번엔 호수로 갔었어요. 새 텐트를 샀는데 너무 사용하기 편하고 좋더라고요.
>
> - 텐트 좋죠…. (팀장님 이야기가 되어버렸어.)

이후의 일대일은 팀장의 캠핑 이야기로 끝났다고 하자. 팀장은 즐겁게 마무리했겠지만, 팀원은 '나를 위한 시간이라고 말해놓고선 거의 팀장님만 이야기했다'라는 인상을 받게 된다. 이래서는 상대를 위한 시간이라고 할 수 없다.

"나도 캠핑 좋아해요. 정말 재밌죠" 정도로 한두 마디로 끝내고 상대에게 대화의 주도권을 건네면 괜찮다. 하지만, 위의 상황처럼 자기가 관심 있는 주제여서(상대보다 많은 정보를 갖고 있어서) 입이 근질근질해질 때 특히 주의해야 한다.

일대일 시간만큼은 인내심이 필요하다. 이럴 때는 "좀 더 들려줄 수 있을까요?" 하고 질문을 파고 들어가자.

OK

- 지난 휴일에는 처음으로 캠핑을 갔습니다.

- 어, 그래요? 캠핑 이야기 좀 더 들려줄 수 있을까요?

- ○○ 씨가 캠핑 간 이야기를 할 때마다 언젠간 저도 가보고 싶었거든요. 실제로 가보니 고즈넉한 밤이 어찌나 푸근하고 좋던지 또 가고 싶어졌어요. 참 팀장님 추천하실 만한 캠핑장이 있을까요?

위의 대화처럼 상대가 질문했을 때는 꼭 대답한 다음에 다시 대화의 주도권을 상대에게 돌리자.

관계가 생겼다면 "그래서요?"를 사용하자

단 네 마디, 시간으로 치면 고작 1초에 큰 효과를 볼 수 있는 '보상 말'이 있다. 어떤 이야기를 꺼낸 상대는 그 이야기가 환영받을지 어떨지 반응을 살피기 마련이다. 그때 밝은 톤으로 "그래서요?"라고 긍정적으로 다음 이야기에 관심을 보이면 상대가 계속 이야기해도 좋다고 느껴 '말하기 쉬움' 요소가 높아진다. 이 "그래서요?"가 무슨 말을 하는지 모르겠다는 부정적인 뉘앙스가 되지 않도록, 아직 조금 어려운 관계(마음을 열지 않은) 일 때는 특히 말투와 어조에 유의하자.

"그래서요?"라는 말에는 앞으로 나아가게 엔진을 가동하는 효과가 있다. 상대에게 자세한 말을 하게끔 촉진하는 작용이 있기 때문이다. 이 질문에 답하기 위해 상대의 생각이 구체적인 언어가 되어, 중요한 일이나 해야 할 일 혹은 문제점이 명확해지는 느낌을 받을 수 있다면 대성공이다.

일대일에서는 상대의 목소리에 귀를 기울이고 그 상황이나 고민을 받아들여 행동을 끌어내는 것이 중요하다. 그러기 위해서라도 대화 주도권을 계속해서 넘겨 일대일 자리는 '이야기하는 시간'임을 상대가 실감할 수 있도록 하는 것을 목표로 하자!

이야기를 듣는 중에 좋은 생각이 났을 때

✕

그건 좀… (조언한다)

- -

잠깐 내 생각을 말해도 될까요?

일대일에서 상대의 이야기를 듣다가 보면 뜻하지 않게 조언하고 싶을 때가 있다. 구체적인 조언이 떠올랐다면 곧바로 전해도 좋다. 다만 이때에도 심리적 안정감이 있는 언어를 쓰도록 하자. 지극히 보통의 일이라고 생각하겠지만, 더 나은 일대일 자리를 위해 한번 점검해보자.

[NG는 아니지만 바람직하지 않은 예]

- 다음 프레젠테이션에서는 ~라는 시나리오를 생각하고 있습니다.

- 그것도 괜찮지만, 이런 제안이 더 낫지 않을까 생각하는데요. 그 고객은 나도 만난 적이 있는데, 어쨌든 타사와의 성능 차별화가 포인트니까요….

- 네. 감사합니다.

이 대화는 얼핏 괜찮은 일대일 자리로 보인다. 상대에게 유익한 조언을 하고 있으니 상대를 위한 시간으로 보일지 모른다. 하지만 조언이나 아이디어를 부탁하지 않은 상황에서 리더가 말하고 싶은 타이밍에 리더가 하고 싶은 조언을 하는 이 상황은 '말하기 쉬움' 요소를 떨어뜨릴 수 있다. 상대는 상대 나름의 생각, 상사에게는 없는 관점이나 아이디어를 가지고 있을지도 모른다.

상사라고 해도 양해를 구한 뒤에 조언하자

코칭에서는 "제안이나 조언은 상대에게 양해를 구한 후에 하라"는 원칙이 있다. 상대가 들을 준비가 되어 있지 않은 상태에서는 아무리 좋은 조언을 해도 행동으로 이어지지 않는다. 양해를 구하고 나서 조언해야 상사도 일부러 조언해줬는데 아무것도 바뀌지 않는다는 스트레스에서 벗어나기 쉽다.

OK

- 이번 프레젠테이션에서는 ~라는 시나리오를 생각하고 있습니다.

- 좋은데요. 특별히 포인트가 될 만한 게 있나요?

- 네. ~도 함께 전하는 게 좋을 것 같습니다.

- 알겠어요. 아, 잠깐 내 생각을 말해도 될까요?

- 네. 그럼요.

사람은 말을 하면서 깨닫게 될 때가 있다

당신도 질문에 답하면서 설명하는 중에 저절로 깨달아 상황이 정리되거나 아이디어가 번뜩였던 경험이 있을 것이다. 사람은 한창 이야기하는 중에 스스로 뭔가를 깨닫고 떠올려 생각이 꼬리에 꼬리를 물면서 납득할 수 있는 대답에 이르게 되는 일이 종종 있다. 코칭에서는 이것을 '오토크라인_{autocrine}'이라고 한다.

일대일은 상대를 위한 시간이라는 원칙에서 본다면, 상대의 오토크라인을 많이 일으키게 하는 장이라고도 할 수 있다. 조언 전에 질문하여 일단 이야기를 많이 하게끔 하자. 오토크라인에 의한 발상이나 아이디어는 일대일 후의 실천에도 영향을 끼친다. 상사가 제시한 것보다는 스스로 깨달은 결과물이 실천하기 쉽기 때문이다.

좋은 아이디어가 떠올랐을 때에도 조언하기 전에 먼저 상대에게 양해를 구하자.

더 할 말은 없나요?

- -

지금까지 이야기하고
느낀 점을 말해줄래요?

　당신은 일대일 시간을 어떻게 마무리하고 있는가? 흔히 "더 할 말은 없나요?"라고 닫힌 질문을 한 다음에 "특별히 없습니다", "괜찮습니다"라는 대답이 나오고 "그럼 오늘은 여기까지"라고 끝내고 있지는 않은가.

　그 대신에 일대일의 마무리로 추천하고 싶은 말이 있다.

구성원 입장에서는 일대일 시간을 돌아보면서 빠트린 이야기나 아직 말할 수 없었던 불안 등의 감정을 말할 수 있게 되는 말이다. 아래 예시를 살펴보자.

- 더 할 말은 없나요?
- 네. 특별히 없습니다.
- 그래요? 그럼 지금까지 이야기하고 느낀 점을 말해줄 수 있을까요?
- 오늘은 먼저 질문해주셔서 말하기가 쉬웠습니다. 무슨 말을 해야 할지 조금 고민했거든요. 좀 더 조언해주시면 감사하겠습니다.
- 그랬군요. 말해줘서 고마워요. 다음부터는 조언도 넣도록 하죠.

이 말은 리더로서도 피드백을 들을 수 있어 일대일 면담의 질적 향상을 도모하는 힌트가 된다. 때론 상대의 요구에 반발하고 싶은 감정이 나올 수도 있다. 하지만, 그럴 때도 "말해줘서 고맙다"고 용기 내어 요청 사항을 전해준 것에 감사 인사를 전하고 받아들이자. 절대로 상대의 발언에 의아한 표정을 짓거나 부정적인 태도를 보이지 말자.

질문 하나로 '서로 돕기' 요소를 높일 수 있다

"요즘 젊은 친구들은 무슨 생각을 하는지 모르겠어요."
이렇게 넋두리하는 리더들을 수없이 봐왔다. 이런 고민을
하는 이유를 충분히 이해한다. 개중에는 얼굴을 마주하고
일대일로 이야기하고 있을 때조차 상대가 어떻게 받아들이
고 있는지 도통 모르겠다는 리더도 드물지 않다. 그런 분들
에게 추천하고 싶은 말이 "지금까지 이야기하고 느낀 점을
말해줄래요?"이다. 상대의 마음속을 읽을 수 없다면 단도직
입적으로 묻자. 그것이 서로가 이해에 이르는 길이다.

나는 정말이지 이 말에 엄청나게 도움을 받았다. 적어도
"듣고 있는 거 맞나요?"라고 나무라는 투의 말보다는 훨씬
효과적이다. 또한 이 말은 뒤집어보면 상대에게 도움을 구
하는 표현이기도 하다.

'이 일대일 시간이 전혀 효과적이지 않은 건 아닐까?', '상
대에게 부담만 준 건 아닐까?', '상대를 위하는 게 아닐지 몰
라!' 같은 불안이 고개를 내밀 때 "말해줄래요?"라고 SOS를
직접 건네는 것이다.

이것은 일종의 커뮤니케이션 모니터링이다. 일대일의 마

무리 이외에 다른 상황에서도 "지금까지 이야기하고 느낀 점을 말해줄래요?"라고 피드백을 구해보자. 두 사람의 대화 자체를 부각함으로써 리더와 팀원이라는 관계를 초월해 협동하고 있는 감각 즉 '서로 돕기' 감각을 익히기 쉽다. 리더만으로 심리적으로 안전한 일대일 자리를 만들기는 불가능하다. 모두가 함께 심리적으로 안전한 자리를 만드는 것을 목표로 하자.

굳게 닫힌 마음도 여는
상대의 관점 가지기

특히 일대일에서는 상대와의 평소 관계성이 중요하다. 당신은 어떤 상대라면 마음을 열고 좋은 관계를 유지하겠는가? 일에서도 친구 관계에서도 나를 이해해주는 사람과 좋은 관계를 맺을 수 있지 않을까. 그 사람은 대부분 당신의 관점과 상황에서 생각할 수 있는 사람일 것이다.

자신과 비슷한 상황이나 성격이라면 그 사람의 관점을 갖기가 용이하다(그래서 개인적으로는 가치관, 금전 감각, 성격 등이 비슷한 사람과 친해지기 쉽다). 하지만 직무가 다른 상대의 관점이나 상황에서 생각하기란 의외로 어려운 법이다.

그렇다면 상대의 관점으로 생각하기 위해 중요한 건 무엇일까. 바로 잘 보고 잘 듣고 잘 이해하는 것이다. 이를 위해 눈여겨봐야 할 것은 다음 세 가지다. 하나씩 살펴보자.

① 심신의 상태를 본다(안색은 좋은가? 어떤 상태에 놓여 있는가?)

가장 기본적이면서 눈여겨봐야 할 것이 심신의 상태다. 여기에는 업무 강도, 잔업 상태는 물론이고 리더와의 관계도 포함해 팀의 인간관계나 마감, 트러블 등이 영향을 끼친다. 먼저 안색이나 목소리 톤이 평소와 어떻게 다른지를 확인하고 위화감이 있다면 '지금 무엇이 가장 힘든지', '곤란한 이유는 뭔지' 하고 손을 내밀어보자.

② 과정, 노력, 연구, 끈기를 보고 묻는다(무엇을 어떻게 열심히 하고 있는가?)

성과나 결과만이 아닌 과정에도 주목한다. 이 구성원이 어떤 노력과 연구를 하고 있는지, 잘되겠다고 생각하고 실행에 옮긴 것은 무엇인지, 심혈을 기울여 생각한 점은 무엇인지를 살펴보자.

때론 "특히 어디에 힘을 줬나요?", "어떤 점에 신경을 썼나요?"라고 질문해 대답을 끌어내자. 이렇게 이야기를 잘 듣게 되면 "그 회의에서 의견을 냈던 건은 열심히 했습니다. 그건 제 일이니까요!"라고 구성원이 자랑스럽게 자신이 심혈을 기울인 일을 알려줄 것이다.

③ 생각, 의지, 가치관을 묻는다(어떻게 하고 싶은가? 어떻게 해볼 생각인가?)

구성원이 맡게 된 일이나 역할에 관해 그 사람 나름의 생각, 의지, 계획을 물어보자. "이 상황을 어떻게 인식하나요?", "○○ 님은 어떻게 하고 싶어요?", "진행방식은 어떻게 하는 게 좋을까요?"와 같은 식이다.

좋은 생각이 있다면 조언해도 상관없지만, 상사의 정답 맞히기 게임이 되어서는 안 된다. '이 사람에게 내 생각을 말해서 좋았다'라는 생각이 들게 하는 것을 목표로 하자.

관찰은 하지만 판단을 기다리자

상대의 ① 심신의 상태 ② 과정과 노력 ③ 생각과 가치관을 일단 보고 들어주자. 그다음은 의외로 판단을 보류하는 것이 중요하다. 우리는 관찰하고 곱씹고 음미하기보다는 '이렇게 하면 좋다'라는 결론에 뛰어들기 쉽다. '이 사람은 어차피 이럴 거라고 그런 건 알고 있을 거라는 건' 어쩌면 지레짐작일지도 모른다.

상대를 이해하고 상대의 관점을 갖기 위해 중요한 것은 상대를 계속 이해하려는 마음이다. 이해한 듯한 기분이 되어서는 안 된다. 이 사람은 이런 상황일 수도 그렇지 않을 수도 있다는 생각을 계속 안고 있어야 좋은 코칭으로 이어진다.

마지막으로 상대의 관점을 가졌는지 아닌지 기준이 되는 중요한 질문을 소개한다.

'상대가 실패했을 때 함께 울분을 토할 정도로 그의 성공을 기원하고 있는가?', '상대가 더 윗선에서 혼날 것 같을 때 방패가 되어줄 수 있는가?' 이 질문을 꼭 가슴에 새기고 상대와 좋은 관계를 구축해 나가자.

이번 장에서는 도전하고 성장하게 되는 말을 소개한다. 재미있는 아이디어나 새로운 프로젝트처럼 어려워도 좋은 경험으로 이어져 자신감이 생기고 일의 묘미를 느낄 수 있게 된다.

'응원 말'로 작은 도전에 불을 붙이고, 불이 켜진 작은 등을 '보상 말'로 환하게 밝혀가자.

4장

도전하고
성장하게 되는 말투

개선하자는 제안을 했을 때

그럼 직접 맡아서 하세요

- -

어떻게 분담하면 좋을까요?

당신이 팀에 도움이 되려고 무언가를 제안한 상태다. 그럴 때 상사에게 "그럼 직접 맡아서 하세요"라는 말을 듣는다면, 순간 숨이 턱 막히고 의욕이 사라지지 않겠는가.

"어떻게 분담하면 좋을까요?" 이 말은 도전으로 가득한 팀을 만드는 데 중요한 '보상 말'이다. 개선하자는 제안을 할 때 당신의 팀은 어떤 반응을 보이는가?

- 지금까지 고객에게 제안한 프레젠테이션 자료를 키워드나 포인트로

  검색할 수 있다면 이후의 자료를 만들 때 편리할 것 같습니다.

- 좋은데요. 그럼 ○○ 씨가 맡아서 해보세요.

- 네…. (안 그래도 바쁜데 쓸데없는 일을 만들어버렸어.)

제안한 사람이 그 업무를 담당하고 수행한다. 직장에서 흔히 볼 수 있는 지극히 당연한 장면이지만, 이런 일이 반복되면 팀 내에서 개선안 아이디어가 자취를 감추게 된다. 대체 왜일까? 여기서도 행동분석이 참고가 된다.

행동분석학에서는 행동 직전의 벌이 행동의 반복을 줄인다고 본다. 이 장면에서는 개선 제안을 한 행동에 대해 칭찬은커녕 다른 업무 조정도 없이 그저 일만 늘어난 Unhappy한 보상을 받게 되었다. 긁어 부스럼을 만든 격이랄까. 이렇게 되면 개선 아이디어가 떠올라도 또 일만 늘어날 테니 그만두자며 제안이라는 행동을 반복하지 않게 된다. 결국 '도

전' 요소가 낮아져 도전이나 개선을 하지 않고 현상 유지를 최우선으로 하는 조직이 된다.

"어떻게 분담하면 좋을까요?"라는 말을 아래처럼 활용해 구성원의 작은 아이디어나 발상을 활발하게 공유하는 분위기를 만들고 그중에 질 높은 아이디어를 실행으로 옮기는 '도전으로 가득한 팀'을 목표로 하자.

OK

- 지금까지 고객에게 제안한 프레젠테이션 자료를 키워드나 포인트로 검색할 수 있다면 이후의 자료를 만들 때 편리할 것 같습니다.
- 굿 아이디어인데요! 어떻게 분담하면 좋을까요?
- 네. 다음 회의 때 모두에게 공유하겠습니다.

서로 돕기와 도전 요소를 높이는 '우리 관점' 갖기

한 사람이 낸 아이디어나 제안은 그 안을 낸 개인의 과제나 업무가 아닌 모두의 과제나 팀의 과제로 바꿀 필요가 있다. 우리 회사에서는 이러한 전환을 '우리 관점을 갖는다'라고 한다.

다음 질문을 생각해보자. 당신이 새로운 아이디어나 기획안을 내어 "이렇게 하면 좋을 것 같습니다"라고 말하면 어떻게 될까? 만일 이 질문에 "다양한 각도에서 아이디어를 얻거나, 분담하는 형태로 해보자"라는 답을 듣거나, '아이디어를 말해서 좋았다. 또 말해야겠다'라고 느낄 수 있다면 괜찮다. 이럴 때는 '우리 관점'이 가능하다.

이 '우리'에는 두 가지 중요한 포인트가 있다. 하나는 모두가 서로 의견을 내어 분담하고 수행하면 자기 일이 아닌 우리의 일, 팀의 일로 아이디어를 실행할 수 있다는 점이다. 또 한 가지 간과하기 쉬운 건 안건을 제시하거나 도전한 일에 Happy한 보상을 제시하는 것 역시 우리의 일이라는 점이다. 리더뿐만이 아니라 구성원 한 사람 한 사람의 반응이 도전적인 팀으로 향하는 열쇠가 된다.

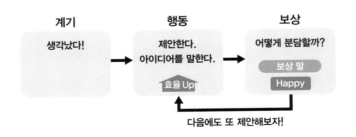

아이디어를 결과로 이루고 싶을 때

좋은데요. 잘되기를 기대할게요

- -

누구의 지원이 필요한가요?

'이거야!', '좋은데!'라고 무릎을 칠 만한 아이디어가 나왔는데, 그 후 결과물로 이루어지지 않고 흐지부지되는 일이 일어난다. 이런 일의 흔한 원인은 다양한 장애물을 담당자 한 사람만으로는 좀처럼 극복하기 어렵다는 데 있다.

"그런 일이 잘될 리가 없잖아!", "실패하면 누가 책임질 거야?"라는 말은 당연히 NG이지만, "좋아요. 잘되기를 기대할게요"라는 말도 긍정적인 듯하나 어딘가 남의 일처럼 들린다. 그리하여 멋진 아이디어는 실행은커녕 공유도 제안도 되지 않고 묻혀 사라진다.

여담이지만, 그렇게 아이디어와 제안을 줄이는 대응을 하면 상사는 상사대로 '우리 팀원은 도통 아이디어도 의견도 내놓지 않는다'라며 한숨을 쉬고 있을지도 모른다. 팀으로서는 얼마나 안타까운 일인가. 도전하는 사람에게 "누구의 지원이 필요한가요?", "누구와 함께라면 가능할까요?"라고 말을 건네 제안자 혼자서만 고독하게 일을 도맡게 하지 않겠다는 원칙을 알려주자.

- ~와 같은 식으로 프로세스를 개선하면 좋겠습니다.

- 좋아요. 바로 해봅시다. 누구의 지원이 필요한가요?

왜 도전이 줄어들까?

팀에서 새로운 아이디어나 기획이 나오지 않는 등 도전 자체가 일어나지 않는 이유는 뭘까? 여기서도 행동분석이 도움이 된다. 도전挑戰이란 단어의 정의를 살펴봐도 잘될지 잘 안될지 알 수 없는 일을 하는 것이기에 가뜩이나 장애물이 높다. 따라서 멋진 '응원 말'로 등을 떠밀어줄 필요가 있다.

또한 구성원이 도전과 관련된 행동을 한 후의 '보상 말'이 응원말보다 더 중요하다. 많은 기업에서 "당사는 도전을 중시한다", "도전하라!"며 계기를 만드는 데 여념이 없으면서도 보상 말에는 인색하다. 도전이 크게 성공해야 비로소 '평가 인정'을 하는 회사가 대부분이다.

또한 큰맘 먹고 용기 내어 도전했는데 잠깐 멈칫하면 "왜 실패했느냐?"고 실패에 대해 비난하고 범인 찾기나 원인 추궁에 나선다. 용기를 낸 도전에 이런 Unhappy한 보상이 반복되면 도전한 당사자뿐만 아니라 그 과정을 지켜본 다른 구성원에게도 영향을 끼쳐 팀의 도전 총량이 줄어든다.

도전자를 외롭게 하지 말자

그렇다면 어떻게 해야 할까. 도전하여 성과가 나기 전에, 도전하고 시도한 자체를 '보상 말'로 확실하게 인정해주자. 특히 도전을 시작할 때 도전자를 고독하지 않게 하는 것이야말로 지극히 중요한 일이다. 도전은 잘 안되는 게 당연하고 실패나 궤도 수정이 있을 수 있음을 팀 전체가 공통으로 인식해야 한다.

- 응원 말: 잘 안되는 일도 있음을 전제로 둔다.
- 보상 말: 도전해서 좋았다고 생각하게끔 지원 체제를 갖춰 도전자를 외롭게 하지 않는다.

이 두 가지 포인트를 의식하고 팀의 도전 총량을 늘려가보자.

처음 시도할 때

그 일은 전례가 있었나요?

⭕

한번 시도해볼까요?

해보지 않은 일에 도전하는 것은 누구에게든 용기가 필요하다. 이를테면 업무 개선과 관련해 생각해보자. 지금까지의 업무 프로세스는 'A→B→C→D'의 순서였는데, 효율화를 위해 C를 생략하려고 갑자기 'A→B→D'의 흐름으로 변경하기는 어렵다. 리스크를 들먹이는 반대파의 의견도 예상

할 수 있다.

그런 상황을 긍정적으로 만드는 말이 "한번 시도해볼까요?"이다. 일주일 한정, 1회 한정처럼 기간이나 횟수를 덧붙여 말하는 것도 도움이 된다.

> "이 공정을 생략함으로써 시간과 경비를 대폭 줄일 수 있습니다. 잘 안될 때는 바로 원래대로 돌릴 수 있으니 이 옵션으로 일주일 동안만 가동해볼까요?"

이렇게 기간과 횟수를 한정하는 말은 구성원은 물론 윗선(경영진)에도 사용할 수 있다.

> "저희 팀에서는 1개월간 10분 조례를 시도해볼 생각입니다."

이런 말을 사용하는 데는 이유가 있다. '시도'라는 말을 사용하면 도전의 무게가 가벼워진다. 심리적인 장애물이 낮아져 시도하고 도전하는 빈도가 늘어난다. 팀의 '도전' 요소가 높아져 시도하려는 도전의 총량이 늘어나면 결과적으로 성공할 확률도 커진다.

변화가 일상에 스며들다

완벽을 도모해 장대한 계획을 세우고 치밀하게 실행하는 대신 '보고, 판단하고, 시도하고, 궤도를 수정하는 방식'이 다양한 비즈니스에도 도입되고 있다.

예를 들면, 최근에는 '우다 루프OODA loop'라는 의사결정 과정이 주목받고 있다. '관찰Observe → 상황판단Orient → 의사결정Decide → 실행Act'의 네 가지 단계를 반복해 돌린다는 뜻이다. 이 루프를 고속으로 돌림으로써 끊임없이 변화하는 상황 속에서도 정확도 높은 행동을 할 수 있다.

시스템 엔지니어링이나 소프트웨어 개발 영역에서는 '애자일Agile'이 주목받고 있다. 애자일에는 '기민하다', '재빠르다'라는 의미가 있어, 개발 도중의 사양이나 요건 변경에 유연하게 대처할 수 있는 것이 특징이다. '변화는 따르기 마련'이라는 전제 아래 작은 사이클을 반복하므로 변화에 강하다.

실제로 변화가 큰 시대에는 대규모 개선을 3년에 1회 실시하는 것보다 소규모 개선을 여러 차례 실시하는 것이 더 나은 결과를 낳지 않을까. 우다 루프나 애자일은 시도 빈도가 높은 것을 중요시한다.

"한번 시험 삼아 해본다"라는 말을 항상 입버릇처럼 하자. 이 말투를 통해 아래와 같은 사고가 일반화되면 팀에 도전을 환영하고, 설령 잘 안되더라도 그것은 괜찮다는 분위기가 형성될 것이다.

- 리더는 시도하는 자세를 환영해준다.
- 시도에는 잘되는 것도 잘 안되는 것도 있다.
- 상황을 재점검하고 개선점을 찾아내어 반복적으로 시도하는 게 중요하다.

전례가 없는 아이디어도 채택할 수 있다. 지금까지와 다른 발상, 기법, 가설도 환영받는 '도전' 요소가 높아진 자리에서는 더 창조적이고 창의적인 대화가 오갈 것이다.

더 크게 성장하고 싶을 때

순조롭게 잘해왔으니
이대로 쭉 가봅시다

- -

10배의 성과를 내려면
무엇을 시도해볼까요?

'도전' 요소를 높여 사고의 틀 밖에 있는 아이디어를 끌어
내려면 기존 목표의 연장선에 있는 목표와는 다른 극단적인
목표를 구성원이 함께 고민해야 한다. 작년 대비 '매출 5퍼센
트 향상'이 목표라면 영업사원을 늘리거나 광고 예산을 5~10
퍼센트 늘리거나, 잔업을 열심히 하는 등 지금 하는 일을 더

철저히 강화하는 것만으로도 충분하다.

　그러나 작년 대비 매출을 10배로 늘리고자 한다면, 단가를 대폭 올리거나 상품 라인업을 점검하거나 수작업을 자동화하거나 서포트하는 일 일부를 AI로 대체하는 정도의 과감한 발상이 필요하다.

　실현 가능성을 제쳐두고 더 큰 스케일로 사업 구조를 재점검하는 행위는 도전이라는 관점에서도 중요하다. 눈앞의 업무에 의식을 집중하기 쉬운 구성원에게 자극을 주어 발상의 폭을 넓힐 수 있기 때문이다. 그러기 위해서는 알기 쉽게 10배의 성과 혹은 한 자릿수를 크게 생각하는(목표 수치에 0을 하나 더 붙이는) 방법을 시도해보자.

- 회사 공식 트위터 팔로우 수가 아직 2만인데 20만에 도달하게 하려면 어떻게 해야 할지 자유롭게 생각해봅시다.
- 20만은 거의 연예인 수준인데요.
- 하지만 아이디어에 따라서는 가능성도 있지 않을까요?
- 꿈같은 이야기를 해도 될까요? K팝 스타가 리트윗해주면 어떨까요?
- 좋은데요. 먼저 계정을 팔로우해야겠군요.

- 인기 연예인 리스트를 만들어도 좋을 것 같아요.

이 예를 어떻게 생각하는가? '현실적이지 않다, 그런 아이디어는 모아봤자 별로'라고 생각할지도 모른다. 만일 현재 팀에 아이디어가 넘치고 있다면 아이디어의 질에 주목하는 것이 효과적이겠지만, 지금 아이디어가 전혀 나오지 않는다면 먼저 아이디어의 양을 늘리는 걸 목표로 삼자.

이렇게 아이디어를 말할 기회를 마련하고, '이런 엉뚱한 말을 해도 괜찮을까?'라는 고민은 잠재우고 머릿속에 잠들어 있는 아이디어를 깨우자.

사고의 틀을 리프레이밍하자

사고의 틀을 벗어나는 것을 '리프레이밍reframing'이라고 한다. 문자 그대로 사고의 틀을 재조정하는 것을 의미한다. 통상 우리 대부분은 자신의 관점, 현재의 관점, 바로 손이 닿을 듯한 현실, 일상의 관점에서 모든 일을 바라본다. 그 틀에서 벗어나 타인이나 고객의 시선에서 장기적인 미래의 관점이나 비현실적인 점프를 생각해보자. 그렇게 상황과 관점을

전환해 생각함으로써 지금까지는 생각지도 못했던 유연한
발상을 독려하자.

'10년 후 내가 지금의 나를 본다면 어떤 조언을 할까.'

'국내 최고 영업의 신이 우리 회사에 온다면 어떻게 할까.'

'현재 매출 1위 회사와 경합한다면 우리가 이기기 위해 어떤 작전을 세우
면 좋을까.'

10배의 성과를 내는 것에 더해 이와 같은 리프레이밍 말
로 상대와 자신이 가진 사고의 틀을 밖으로 향하게 할 수 있
다. 또한 상식의 틀에서 벗어난 질문은 의견이나 아이디어
를 쉽게 말하게 하는 효과가 있다. 누구도 정답을 알지 못한
다는 사실을 알고 있기에 틀린 답을 할지 모른다고 겁먹을
필요가 없기 때문이다.

33

우리 경영진은 아무것도 몰라요

함께 고민해봐야겠군요

벽에 부딪혔을 때 모두가 한 번씩 "함께 고민해봐야겠군요"라는 말을 외치면, 팀 전체의 심리적 안정감 특히 '서로 돕기', '도전' 요소가 높아진다. 기대했던 기획이나 아이디어가 기각되었거나, 까다로운 고객을 공략하기 힘들거나, 프로젝트에서 생각만큼 성과가 나오지 않거나, 아이디어가 막

혔을 때 주문처럼 사용하면 좋은 말이다.

앞서 오토크라인에서 제시한 대로, 때론 자기 귀로 자기가 하는 말을 듣는 것만으로 생각을 정리하고 새로운 힌트나 아이디어를 얻어 기분을 전환할 수 있다. 하지만, 자기에게서 나온 말이 절망이나 자포자기 혹은 타인을 비난하는 말이어서는 아무것도 생겨나지 않는다. 타인의 험담을 하지 말아야 하는 이유가 그 험담을 가장 많이 듣는 사람은 다름 아닌 '자신'이기 때문이다.

반대로 "그냥 둬도 괜찮겠죠", "어떻게든 되겠죠"라고 구성원에게 너무 낙관적인 말만 하는 것도 고려해봐야 한다. '팀장님은 어쩌면 이 상황을 잘 모르시는 게 아닐까'라고 주위의 불안을 부채질하기 때문이다. 위기는 위기로 현실을 인식하는 게 팀이 벽에 부딪혔을 때 하나가 되기 쉽다. 그럴 때야말로 "함께 고민해봐야겠군요"라는 말이 등장할 차례다.

- 만반의 준비를 하고 임했지만, 이 가격대가 아니면 어렵겠다고 견적서를 퇴짜 맞았어요. 다시 계약으로는 이어지지 않을 것 같습니다.
- 음. 이 부분은 함께 고민해봐야겠군요. 다음 한 수를 생각합시다. 다음

달부터 캠페인을 시작한다는 소식 들었죠?

- 아, '봄, 설렘' 캠페인 말입니까?

- 네. 맞아요. 그 가격으로 먼저 제안해보면 어떨까요? 계약을 성립하는
  시기는 다소 늦춰져도 괜찮지 않을까요?

- 그러고 보니 고객들로부터 "좀 더 싸게 할 수 없느냐?"는 말을 여러 차
  례 들었어요. 조금이라도 가격을 낮춘다면 가능성은 있을 것 같습니다.
  연락해보겠습니다.

"함께 고민해봐야겠군요"라는 말은 말한 본인도 상대도
함께 고민을 시작하게 되는 문구다. 고객이나 거래처와의
미팅에서도 다음과 같이 응용할 수 있다.

- 저도 귀사와 함께하고 싶지만, 상사의 승인이 아직 떨어지지 않아서요.

- 감사합니다. 함께 그 문제를 고민해봐야겠군요.

갈피를 못 잡는다면 밖으로 꺼내보자

궁지에 몰렸거나 생각이 정리되지 않을 때는 일단 언어
화하여 밖으로 꺼내보자. 중얼거리거나 누군가에게 말함으

로써 앞으로 나아가기가 쉬워진다. 당신이 귀로 듣기보다 문자나 그림으로 보는 게 더 이해가 잘되는 유형이라면, 입으로 말하고 귀로 듣는 대신 손으로 쓰고 눈으로 보는 방식도 괜찮다. 머릿속의 잡다한 생각을 문장이나 간단한 그림으로 그려 정리하는 것이다.

이것을 팀 전체에서 말한다면, '그래픽 레코딩graphic recording'이라 하여 회의나 워크숍을 실시간 그림으로 정리해 나가는 기법이다. 이 그래픽 레코딩에 능숙한 사람을 회의에 초빙해 그 자리에서 함께 이야기한 것을 그림으로 그려가면 생각지 않은 돌파구가 열리기도 한다.

34

새로운 일이 늘어날 것으로 예상될 때

힘들겠지만 열심히 해봅시다

- -

○

중요하지 않은 일은 덜어내볼까요?

    업무 개선이 주제가 되면, 이것저것 해야 할 업무가 늘어나는 방향으로 이야기가 전개되기도 한다. 현실의 업무는 그대로에 일을 추가하니 업무량이 늘어 엄청 바쁘기는 한데, 눈부신 성과는 없고 결국엔 모두가 피폐해졌던 그런 경험은 없는가.

무언가를 바꾸지 않는 한, 팀의 자원이 저절로 느는 일은 없다. 구성원 각자의 능력, 동기부여, 시간, 예산 등이 한정된 상황에서 업무를 늘리려면 기존의 업무를 줄일 생각도 함께해야 한다. 이것이 이치에 맞는 사고방식이다.

하지만 구성원이 그만해도 되는 일을 직접 말하기란 어려운 법이다. 그랬다간 괜히 주위로부터 의욕이 없다는 오해를 살 수도 있다. 그만했을 때의 리스크나 파급력도 무시할 수 없다. 무엇보다 당사자는 오늘까지 '그만해도 되는 일'에 몰두해온 셈이 된다. 지금까지 자신이나 동료가 헛된 일을 했다고 생각하고 싶은 사람은 없지 않을까. 적절한 선에서 리더가 "중요하지 않은 일은 덜어내볼까요?"라고 한마디 던져보자.

- 앞으로 신규 가맹점이 한 점포 늘어날 거라는 연락을 받았습니다. 시내 대형점인데, 저 역시 브랜드 강화라는 의미에서 환영할 만한 일이라고 생각해요.
- 네! 우리의 염원인 시내 첫 출점입니다.
- 그래서 선택과 집중이 필요합니다.

- 팀장님, 어떤 의미인가요?

- 출점 후 우리의 업무가 지금보다 상당히 많아질 거라 예상됩니다. 연락이나 업무 조정은 물론이고, 때론 모든 점포 스태프의 연수나 파견 지원도 예상됩니다. 그렇다고 우리 팀의 인원이 바로 느는 것도 아니니 중단해도 되는 업무가 있는지 현재의 업무 추이를 점검해봐야 하지 않을까요.

- 네···. (그래도 말을 꺼내기가)

- 만일 뭔가 한 가지 일을 그만해야 한다면 무엇일까요?

- ○○보고서 말인데, 사실 아무도 관심 없는 숫자가 아닐까 싶습니다.

너무 열심인 팀원에게는 구조선을 보내자

물론 업무 개선이나 새로운 움직임을 부정하는 것은 아니다. 만반의 체제로 새로운 것을 시도하고 받아들이기 위해 중단해야 할 일을 찾는 거다. 이 말의 목적은 팀원을 지키는 것임을 주목하자. 팀원의 짐이 너무 무거워지는 것을 미리 막고자 일부러 그만해도 되는 일을 찾는 거다. 쓰러지기 전에 짐을 덜어줘야 한다.

열심히 일하는 팀원에게 말을 꺼내기 어려운 상황도 물

론 있다. 그럴 때는 서두에 "○○ 님의 시간과 재능을 더 중요한 곳에 사용해줬으면 해서…"라고 말을 붙여보자.

리더는 때론 상사와의 담판도 필요하다는 걸 염두에 둬야 한다. 우리 팀에서도 회사의 큰 이벤트 때 경영진과 협의하여 "2주간 신규 미팅을 중단합시다!"라는 영업부답지 않은 의사결정을 한 적이 있다. 내내 바빴던 이벤트를 성공리에 마친 다음, 경영진으로부터 현명한 판단이었다는 극찬을 받았다.

우리가 목표로 하는 심리적 안정감이 높은 팀은 문제나 리스크를 알게 되었을 때 구성원이 자발적으로 목소리를 낼 수 있는 팀이다. 이에 이르는 과정에서는 리더가 앞장서서 "중요하지 않은 일은 덜어내볼까요?"라고 구조선을 보내야 한다.

35

새 팀원의 의견이 듣고 싶을 때

어디 괜찮은 아이디어 없을까요?

어떻게 보고 있나요?
사소한 거라도 말해주면 좋겠어요

　새로운 팀원을 어떻게 능숙하게 배에 태워 전력으로 활약하게 할 수 있을까? 최근에는 온보딩On-Boarding(신규 입사자가 조직에 순조롭게 적응하고 정착할 수 있도록 지원하는 과정 – 옮긴이)이 늘고 있다. 물론 함께 밥을 먹거나 팀원 한 사람 한 사람과 일대일을 실시하는 것도 중요하지만, 여기서는 회의 중에 할 수 있는 온보딩에 대해 이야기하려고 한다. 다음 예시를 살펴보자.

[회의 끝 무렵이나 의제가 바뀌는 타이밍에서]

- ○○ 님은 어떻게 보고 있나요? 사소한 거라도 말해주면 좋겠어요.

- 감사합니다. 사실 약간 신경 쓰이는 게 있긴 한데….

- 네. 좋아요. 자세히 말해주시면 좋겠어요.

가장 안타까운 건 알고 있는 척하는 구성원을 진짜 알고 있을 거라고 철석같이 믿는 리더다. 이것이 대부분 실수의 근원이 된다. 알지 못하는 건 "이 부분은 잘 모르겠다"라고, 신경이 쓰이는 건 "이 부분이 신경이 쓰인다"라고 부담 없이 말을 꺼낼 수 있는 팀이 심리적으로 안전한 팀이다.

온보딩은 특히 경력 채용 등 이전 직장에서 전문 경험을 가진 구성원이 열정을 쏟게 만드는 효과적인 과정이다. 이를 끌어내는 '응원 말'이 "어떻게 보고 있나요? 사소한 거라도 말해주면 좋겠어요"이다. 갑자기 "괜찮은 의견 있나요?"라고 질문을 받는 것보다 답하기 쉽다.

36

비현실적으로 보이는 아이디어가 나왔을 때

우리한테는 어려운 일인데···

좋아요! 좀 더 자세히 말해주세요

리더 대상의 연수에서 "다른 관점을 환영하자"라고 말하면 "우리 상황과 다른 엉뚱한 의견이 나오면 어떡하죠?"라는 질문을 자주 받는다. 그 우려는 잘 안다.

물론 공인회계사를 중심으로 구성된 감사팀에서 재무제표를 읽을 수 있는 능력이나, 의사와 간호사로 이뤄진 의료 팀에서 심폐소생 능력이 있어야 하는 것처럼 그 팀에서 필요한 최소한의 스킬, 상식, 공통 인식은 있다.

단, 그 공통 인식이 있는지 어떤지를 확인하는 것은 팀을 조성하는 단계의 이야기지 팀이 조성된 후의 이야기는 아니다. 만일 최소한의 스킬도 없다면 상황에 따라서는 더 최적인 곳으로 배치전환도 고려해야 한다.

이 최소한의 스킬, 상식, 공통 인식을 갖추고 함께한다는 전제에서 생각한다면, 이 '다름' 요소를 제대로 활용해야 한다.

다양성이 소속감을 높인다

변화가 완만한 시대라면 관리직이든 리더든 선배든 경력이 많은 사람이 정답을 알고 있을 것이다. 하지만 지금처럼 빠르게 변화하는 시대에서는 상대가 틀렸는지 자신이 틀렸는지 경계가 명확하지 않다. 예전에는 정답이었으나 현재는 정답이 아닌데, 스스로 그런 과거의 성공 체험에 사로잡혀 있는 것인지도 모른다.

이렇게 자신이 잘 알지 못하는 부분이 있을지 모른다는 자세와 "좋아요! 좀 더 자세히 말해주세요"라는 말을 통해

'다름 환영' 요소를 높일 수 있다. '다름 환영' 요소를 높이는 것은 DIB의 실현으로 이어진다. D는 다양성Diversity을 뜻하며 국적, 성별, 연령, 업무 방식, 문화 등 다른 관점이나 다른 상황이 있음을 의미한다. I는 포섭Inclusion을 의미하며 받아들여지고 있다는 감각이다. 해외에서는 B에 해당하는 소속감Belonging, 즉 자신이 조직이나 팀의 당사자라고 스스로 생각하는 인식을 중요시한다.

팀에 다양성이 있는지 아닌지는 객관적·정량적으로 측정하기 쉽지만, 포섭과 소속감은 주관적이고 정성적이기에 측정이 어렵다. 포섭과 소속감은 조직이나 팀의 다양성뿐만 아니라 능률적인 관점에서도 중요하다.

즉 조직이나 팀 내에 다양한 사람, 다양한 관점, 다양한 사고가 존재할 뿐 아니라 그런 다양한 사람들이 포섭되어 소속감을 갖기 때문에 자신만의 관점이나 의견을 회의 자리에서 들려주게 된다. 이는 마침내 조직과 팀의 능률로 이어진다.

37

도전하고 있으나 생각만큼 성과가 나오지 않을 때

✕

지금 진행하는 안건, 괜찮나요?

~를 시도해줘서 고마워요.
어떤 발견이 있을지 기대되네요

도전에는 다양한 난관이 따르기 마련이다. 설령 상황이 여의치 않아 생각만큼 성과가 나오지 않을 때 어떤 말로 대화를 이어가는 게 좋을까? 그때 사용하면 좋을 말이 "~를 시도해줘서 고마워요. 어떤 발견이 있을지 기대되네요"라는 말이다.

- 지금 진행하는 새 캠페인 말인데요. 생각만큼 모집이 되지 않습니다.

- 그래요? 새로운 건 예측하기 어려울 때가 많죠.

- 네. 하지만 직접 기획한 캠페인이니 좋은 결과가 나왔으면 좋겠습니다.

- 새로운 콘셉트로 시도해줘서 고마워요. 어떤 발견이 있을지 기대됩니다. 조금이라도 잘될 수 있게 함께할 수 있는 일을 생각해봅시다.

- 네. 열심히 하겠습니다.

이 장면에서 무심코 걱정이 되어 "모집이 부진한데 괜찮나요?"라고 묻고 싶은 심정은 잘 안다. 하지만 이런 식의 말은 그다지 추천하지 않는다. 그 말은 도전하는 상대를 위한 말이 아니라 자기가 안심하기 위한 말이기 때문이다.

질문받은 당사자도 자신 있게 괜찮다고 단언할 수 없는 일이기에 도전 상황이 맞다. 팀의 도전 총량을 늘려 도전으로 가득한 팀을 만들고 싶다면, 먼저 도전과 시도한 행동, 도전의 경과를 보고해준 그 자체에 감사를 전하자. 이렇게 감사를 전하는 중에 "어떤 발견이 있을지 기대된다"라는 말도 꼭 함께하자.

발견·학습을 목표로 하자

성공하면 주목받지만, 실패로 끝나면 아무도 평가하지 않아 도전한 당사자는 물론 팀 전체도 실망해 분위기가 가라앉는 일이 있다. 소속된 팀까지 연대 책임으로 추궁당하기도 하는데, 이는 도전을 적극적으로 줄이려는 처사라고밖에 볼 수 없다. 팀원이 도전하고자 할 때 이런 체험이 있으면 뇌리에 '실패했을 때 혼나지 않을까?', '벌칙이 있지 않을까?' 같은 생각이 떠올라 도전을 주저하게 된다.

이를 방지하는 말이 이 실험사고를 바탕으로 한 "어떤 발견을 할지 기대된다"라는 말이다. 연구개발 분야에서는 연구자가 실험을 반복함으로써 잘되는 것과 잘 안되는 것을 발견하고 개선해 조금씩 큰 성공에 다가간다.

우리가 매일 일에서 하는 도전도 실험이라고 할 수 있다. 그리고 실험은 결과를 내는 것보다 알게 되는 것이 목적이다. 궤도 수정을 위한 발견, 통찰, 학습으로 다음 도전의 성공 확률을 높이는 게 목적인 셈이다. 앞에서 다룬 우다 루프, 애자일과도 공통점이 있다.

이 "어떤 발견이 있을지 기대된다"는 말은 성공보다 발견

이나 학습에 주안을 두고 있다는 메시지가 함축적으로 전해
진다. 지금까지 도전이라고 하면 '성공이냐 실패냐?'를 조마
조마하게 지켜보던 당신도 지금부터는 '도전'은 '실험'이라
여기고, 무심코 말해버리기 쉬운 '실패'는 '발견'으로 치환해
보자. 이렇게 도전이 넘치는 팀을 만들어가자.

38

도전했지만 아직 성과를 모를 때

그 일은 잘될 것 같나요?

- -

○○ 님의 도전을 공유해주세요

4장에서는 성공이라는 결과보다 일단 도전 자체를 환영하고 평가하고 칭찬하고 인정하라고 반복해서 전했다. 인정이나 칭찬은 직접 그 구성원에게 인사를 전하거나 평가를 높이거나 보너스와 인센티브를 주는 것만이 아니다. 간단하게 팀 모두와 공유해 도전하고 있음을 알리는 방법으로도 실천할 수 있다. 아래처럼 말이다.

- 여러분, 오늘은 A 님의 도전을 공유하려고 합니다. 지금 연수팀에서는 다양한 시행착오를 겪고 있지만, 과감하게 지금까지의 두 배 인원이 참여하도록 했습니다. 보통은 인원이 늘어나면 만족도나 효과가 내려가기도 하는데, A 님은 양쪽을 다 만족시키기 위해 밤낮으로 뛰고 있습니다. A 님, 지금의 상황에 대해 조금이라도 공유해주실 수 있으실까요?
- 아직 성과가 나올지는 지켜봐야겠지만 도전하는 중입니다.
- 물론 괜찮습니다. 꼭 모두에게 알려주세요.
- 인원이 늘었을 때 오히려 만족도가 높아지려면 어떻게 해야 할까 고민해보았습니다. 연수 참가자가 원하는 것은 생생한 지식이라고 생각합니다. 그래서….

이 도전의 공유는 본인에게는 도전에 대한 '보상 말'이면서 공유를 받는 팀 모두에게는 '응원 말'로 작용한다. 도전하면 이 팀에서는 이런 식으로 칭찬받는다고 실제 사례를 통해 전할 수 있기 때문이다. 도전하라고 계속 목소리를 높이는 것보다 훨씬 효과적이다.

또한 도전의 공유를 통해 '서로 돕기'와 '다름 환영' 요소를 높일 수 있다. 사례를 공유하면 당사자 이외의 구성원이 '나에게도 이런 지원을 해주겠구나!'라고 스스로 할 수 있는 일을 찾을 계기가 될뿐더러 '그런 도전도 있구나. 그런 관점은 생각하지 못했는데 중요하구나!'라며 새로운 사고방식도 접할 수 있기 때문이다.

도전을 모두와 공유할 때는 아래처럼 미리 의뢰해도 좋다.

- ○○ 님의 도전을 모두에게 공유해주세요. 다음 회의 때 ○○ 님께 한 마디 부탁해도 될까요?
- 공유하기에는 아직 제대로 된 결과가 나온 게 없는데 괜찮을까요?
- 괜찮아요. 배운 것을 바로 활용하는 도전 그 자체를 공유하고 싶어요.

도전의 단기적인 성과를 중요시한다는 것이 아니라 도전한 자체를 환영한다는 메시지를 전하자. 그리고 거듭 이야기 하지만 잘될지 잘 안될지는 실험이라고 생각하고 시도해 보자.

NG

OK

204

일터의 언어 Tip

리더십과 팔로우십을
최대화하는 비결

나는 심리적으로 안전한 팀을 만들어야만 한다는 압박감을 느끼고 있는 수많은 리더를 만나왔다. 하지만 팀의 심리적 안정감을 높이는 미션을 리더 혼자서 고독하게 안을 필요는 없다. 팀 전원의 협력이 전제되어야 한다.

개중에는 '그건 리더의 일이다, 잘 부탁한다', '팀이 심리적으로 안전하지 않기 때문에 할 수 없다'라고 남의 일 보듯 하는 팀원도 있다. 그런 팀원이 주위에 모이면 당사자인 리더와 거리가 생겨 팀을 이끌기가 힘들어진다. 물론 리더의 영향력은 크지만, 팀 전원이 심리적으로 안전한 팀을 만드는 건 리더와 팀원 '전원'의 역할임을 인식하는 것이 중요하다.

리더십은 리더만의 것이 아니다

팀원의 움직임에 주목해보자. 카네기멜론대학교 로버트 게리 교수는 1992년 '팔로우십'이라는 개념을 다시 세워 "리더의 언동에 건설적인 비판을 하고 자발적으로 담당 업무 이상의 일을 하는 것"이라고 정의했다.

'팔로우'라고 하면 리더의 지시에 순종적으로 따르는 사람이라는 의미로 느껴지는데, 이 정의에서 생각하면 팔로우십을 발휘할 수 있는 사람은 오히려 앞으로 나아갈 수 있는 사람이다. 팀 차원에서 더 높은 성과를 보다 빨리 얻기 위해 누구나 리더십을 발휘할 수 있고 그 리더십을 향해 주변의 팔로우십이 많이 발휘되는 상태, 이른바 리더십과 팔로우십의 최대화를 목표로 하자.

이 팔로우십이 지금 당신의 팀에서 발휘되고 있는지 알아보려면 어떻게 해야 할까? 팔로우십이 발휘되는 팀에서는 제안이나 프로젝트를 구성원 한 사람 한 사람이 타인의 일이 아닌 우리 관점으로 대한다. 한 사람이 "이것이 하고 싶다"라고 말했을 때, 주위가 어떻게 관여하고 있는지를 관찰해보자. 이런 '우리 관점'을 갖기 위해 리더가 할 수 있는 일은 무엇일까. 좋은 리더는 좋은 팔로우인 경우가 많다.

- 팀장님, 이런 툴을 사용하여 업무를 효율적으로 하고 싶습니다.
- 고마워요. 잘 안되면 되돌리면 되니 꼭 한번 해봅시다. 내가 할 수 있는 일이 있을까요?

이 간단한 대화도 리더가 팔로우십을 발휘하고 있는 좋은 예다. 팀원의 발언에 관심을 보이고 지원하는 일이 늘면 팀원이 리더십을 발휘할 기회가 많아진다. 리더가 유연한 태도로 대응하는 팀일수록 팀원이 개성을 발휘해 상대적으로 좋은 성적을 내는 경향이 있다.

리더십과 팔로우십을 최대화하는 건 심리적 안정감을 높이는 데 지극히 중요하다.

고객이나 거래처와 좋은 관계를 만드는 데도 심리적 안정감은 중요하다.
관여하는 사람이 많고 규모가 큰 프로젝트일수록 '파트너'로서 같은 방
향을 향해야 한다. 이번 장에서는 일터를 넘어 고객·거래처와 심리적 안
정감을 구축하기 위한 말을 소개한다.

5장

고객의 마음을
얻는 말투

모든 미팅에서

✕

저희 회사의 제공 서비스는

우리 함께…

　고객이나 클라이언트와 심리적 안정감을 구축하기 위해 중요한 것은 무엇일까? 영업하는 측과 상대방, 물건을 파는 측과 사는 측, 서비스를 제공하는 측과 받는 측이라는 대립 축으로 있으면 고객의 문제는 해결에 이르기 어렵고 시너지도 생기지 않는다. 고객과 함께 일해나간다, 함께 시행착오를 겪어간다. 이렇게 고객과 우리는 하나의 팀이라는 마음 가짐이 필요하다.

처음에 주목해야 할 것은 주어다. '저희 회사', '저'를 '우리'로 바꿔보자. '우리'는 당신의 회사 부서만이 아닌 고객이나 위탁업체도 포함한다. 이 작은 말의 차이를 깨닫는 것이 대립축을 제거해 팀으로서 같은 방향을 바라볼 수 있게 하는 첫걸음이다.

"저희가 귀사에 제공하는 서비스는…."

이렇게 제안하는 말과는 뉘앙스가 확연히 다름을 알 수 있다. '저희'라는 주어를 사용하면 거기에 고객(미팅하는 상대)은 들어가지 않는다. 그러면 남의 일처럼 들려 '돈만 내면 그다음은 알아서 해주는 단순한 거래 관계'라는 인식을 심어준다.

따라서 가능한 주어를 '우리'로 하고 당신(고객)은 이미 이 문제해결 프로젝트 팀의 일원임을 인식하게 하자. 상대에게 맡겨두고만 있어서는 안 된다는 '서로 돕기' 요소와 외부의 지식도 빌려 좋은 프로젝트를 실행하고자 하는 '도전' 요소가 이 한마디로 높아진다.

- 심리적 안정감을 높이고 싶어 강연회를 의뢰할까 생각 중입니다.

- 감사합니다. 강연회를 통해 우리가 함께 어떤 과제를 해결해가면 좋을까요?

- 네. 창피한 이야기지만, "상무님께 보고받는 정보가 가공되어 바른 정보라고 생각할 수 없다, 이러면 제대로 된 경영 판단을 하기 어렵다"라는 말이 내부에서 나왔어요.

- 아. 네. 그런 일이 있었군요.

- 그래서 팀원이나 관리직이 사실을 보고해도 괜찮다는 분위기를 만들고 싶은데, 심리적 안정감에 그 열쇠가 있지 않을까 해서요.

- 네, 잘 이해했습니다. 그렇다면 단발 강연회로 지식을 얻기보다 좀 더 깊이 있게 관리직분들의 행동 변화를 독려하면 좋지 않을까요.

'과제 VS 우리'의 구조를 만든다

물론 우리가 문제해결을 목표로 하는 팀의 일원이라는 사고를 받아들이지 못하는 고객도 있다. 대가는 충분히 지급할 테니 프로에게 맡기려는 고객에게 갑자기 당사자 의식을 갖게 하기란 쉽지 않은 일이다. 우리도 '이 사람들이라면 팀으로서 함께 일하고 싶다'라는 생각이 들게끔 실력을 인정받을 필요도 있다.

때에 따라서는 처음에는 단순한 외주 업체지만, 그 일을 인정받아 그다음부터는 한 팀이 되기도 한다. 무리하지 말고 시간을 들여 '우리 관점'을 갖게 하자.

"우리가 함께 해결할 과제는 무엇인가요? 지금 한번 확인해주시겠습니까?"라고 그때그때 말하면 '과제 VS 우리'라는 관점을 공유할 수 있어 함께 고민하려는 자세가 생긴다.

미팅을 시작할 때

✕

오늘은 어떻게 할까요?

오늘 이 자리는…

　고객과의 미팅 자리를 심리적으로 안전하게 만들려면 고객의 불안을 제거하는 데 주목하자. 고객의 불안이란 어떤 것일까? 첫 미팅이라면 '담당자는 어떤 사람일까?', '제대로 된 회사일까?'와 같은 불안, 두 번째 미팅 이후에도 '하고 싶은 말을 다 할 수 있을까?', '오늘 이야기에 진전이 있을까?'

와 같은 불안은 언제나 불명확한 지점에서 기인한다.

미팅 서두에 갑자기 "오늘은 어떻게 할까요?"라는 질문을 받으면 고객은 '준비한 게 없나?' 싶어 불안해질 수밖에 없다(물론 고객이 만반의 준비를 하고 있다면 먼저 들어주자). 당연하다고 생각하겠지만, 처음에는 미팅 요청에 이른 경위와 목적을 확인하고 최종 목표에 동의를 구할 필요가 있다. 그런데 이렇게 확인하고 동의를 구하는 과정을 의외로 소홀히 하기 쉽다.

특히 서비스를 제공하는 측은 미팅 자체가 노련하여 고객을 안중에 두지 않고 이야기를 진행할 때도 있는데, 판매하려는 욕심만 채우지 말고 한 팀으로서 정중하게 진행하는 것이 중요하다. 심리적 안정감을 구축하려면 강력한 탄환 한 발이 아닌 작은 행동의 축적이 필요하다. 상대가 고객이나 거래처여도 마찬가지다. 작은 행동을 중요하게 쌓아가야 심리적 안정감이 구축된다.

예를 들면, 상대가 부과한 과제를 정리해 미팅에 임할 때도 바로 그 이야기를 꺼내고 싶은 기분을 자제하자. 그보다 먼저 그날 시간을 어떻게 보낼지 설명하며 서로의 이해를 우선하자.

- ○○ 님 지난번에 감사했습니다. 오늘은 그때 말씀하신 과제에 관해 설명하고 연수 일정을 확인하려고 합니다. ○○ 님이 따로 생각하고 계신 내용이나 먼저 하고 싶은 말씀은 없습니까?
- 네. 고맙습니다. 오늘은 우리 회사 김 대리가 일찍 나가봐야 해서 김 대리 담당인 오퍼레이션 관련 이야기부터 해보면 어떨까요.

이처럼 생각하고 있는 계획(의제)을 전하고 추가 항목이 있는지 확인함으로써 '어떤 이야기'가 진행될지 하는 불안은 해소된다. 이외에도 지난번 미팅 이후로 업데이트된 정보는 없는지 서로 확인하는 것도 효과적이다. 경쟁 업체 상황 등 그동안의 변동 사항을 알아두면 한 팀으로서 같은 방향을 향하기 쉬울 것이다.

불명확한 것을 찾아내 없앤다

2회차 이후의 미팅에서는 1회차에는 없던 윗선이나 담당자가 참석하는 일도 있다. 그중에 처음 미팅에 참석하는 사람이 있다면, 인사나 간단한 아이스브레이킹 시간을 넣어 참석자 전원이 말을 꺼내기 쉽도록 독려하자.

미팅 서두는 물론이고 미팅 도중에도 지금까지 전하고 싶은 말을 잘 전하고 있는지, 해소하고 싶은 의문은 없는지 상대의 상황이나 표정을 잘 관찰하자.

때론 '아직 이 부분은 잘 모르겠다', '이 부분은 아직 정해지지 않았다'처럼 무엇을 잘 모르는지가 가시화되어 공유되기도 한다. 무엇을 모르는지도 모르는 상태와 비교하면 이는 큰 진전이다. 미팅에서 고객과 파트너십을 잘 구축하고 있는 전문가는 불명확한 부분을 능숙하게 찾아낸다. 파악하기 어려운 불명확한 지점에 주목하고 이를 도와 심리적 안정감을 만들어가자.

목적이 알고 싶을 때

이번 프로젝트의 목적은 무엇입니까?

○

이번 프로젝트가 마무리되었을 때
어떤 모습이기를 바라시나요?

영업사원이라면 상사나 선배로부터 "고객의 목적은 무엇인가?", "고객의 목적을 정확히 파악하라"와 같은 말을 한 번쯤은 듣지 않았을까. 그래서 무심코 고객에게 "이번 프로젝트의 목적은 무엇입니까?"라고 직접적으로 묻기 쉬운데, 이 말은 '진짜 목적'을 능숙하게 끌어낼 수 있는 말이 아니다.

목적을 알고 싶을 때는 "어떤 모습이기를 바라시나요?"라는 질문으로 자유롭게 대답을 끌어내야 목적은 물론 사고방식이나 가치관까지 명확해진다. 클라이언트의 목적이나 목표가 명확해야 우리도 그 일을 잘해낼 수 있다.

NG

- 이번에 ○○ 님이 집을 신축하려는 목적은 무엇입니까?
- 글쎄요. 갑자기 대답하려니 생각이 나지 않는데, 예산은 4억 원으로 한정되어 있으니 그 안에서 가능한 좋은 집을 짓고 싶습니다만.

OK

- 더 나은 집을 짓기 위해서 먼저 ○○ 님의 꿈을 듣고 싶습니다. 이 집을 지은 다음 그곳에 어떤 삶이 있기를 바라시나요?
- 글쎄요···. 모두 행복했으면 좋겠어요.
- 모두에는 구체적으로 어떤 사람들이 포함될까요?
- 딸과 손주들이 가끔 놀러 와서 머물다 가는 그런 삶이죠.
- 네. 그럼 따님과 손주 모두가 모일 수 있는 공간이나 머물 방, 주차 공간 등도 검토해봐야겠군요.

이상적인 모습을 물었을 때 당장은 실현 가능성이 낮은 스케일이거나 오히려 큰 대답이 불쑥 나올지도 모른다. 그런 경우도 구체적인 질문을 통해 같은 시선에서 팀을 만들 수 있는 기회를 얻을 수 있다.

- 우리가 연수를 한 결과 어떻게 달라져 있기를 바라십니까?

- 그거야 정해져 있지 않을까요. 업계 1위를 탈환해야죠.

- 알겠습니다. 확실히 그렇게만 된다면 바랄 게 없죠. 지금 업계 1위는 어디인가요?

- ○○공업입니다. 5년 전부터 쭉 넘버원입니다.

- 그렇군요. ○○ 님 생각으로는 이번 연수가 순위 탈환에 특히 어떻게 도움이 될 것 같습니까?

- 우리 관리직은 디지털 활용이 약해서 그 부분을 보충하고 싶습니다.

- 잘 알겠습니다. 인재의 디지털 시프트는 시간이 걸리는 주제입니다. 이번 연수는 우선 디지털을 중심으로 한 세계의 변화와 그 위력을 참가자 모두가 실감하게 하는 것에 목표를 두면 어떨까요?

- 네. 저 또한 디지털의 중요성을 이해하는 것부터 시작하는 게 좋을 거 같습니다.

"이 서비스를 도입하고 몇 년 후에는 어떤 모습이기를 바라십니까?"라는 질문도 효과적이다. 상대는 더 구체적인 미래를 상상하게 될 것이다. 눈치챈 분도 있겠지만 NG 말인 "목적은 무엇입니까?"를 바꿔 말한 것이다.

목적을 직접 물으면 '좋은 목적 혹은 나쁜 목적'처럼 상대에게 심사 당하는 듯한 느낌이 들어 '말하기 쉬움', '서로 돕기' 요소가 낮아진다. 특히 처음 만난 사이일수록 목적을 대답하기 쉽도록 말을 바꿔서 물어보자.

42

문제 상황을 더 깊이 알고 싶을 때

문의하신 ~건에서
귀사의 과제는 무엇입니까?

문의하신 ~와 관련해
지금 어떤 일이 일어나고 있나요?

    미팅에서는 상대의 과제가 명확하면 해결책을 제시하기가 쉽다. 실제로 영업 현장에서는 상사로부터 고객의 과제가 무엇인지 확실하게 물어보라는 말을 많이 듣는다. 하지만 그렇게 직설적으로 묻더라도 확실한 답을 들을 수 있다는 보장은 없다.

아직 고객이 과제를 제시할 만큼 충분한 신뢰를 얻지 못하고 있는 경우뿐만 아니라, 고객의 과제 자체가 명확하지 않아 추상적으로밖에 답하지 못할 때도 있기 때문이다. 당신도 갑자기 "팀의 과제를 세 가지 말해주세요"라는 질문을 받는다면 대답하기 어렵지 않을까. 그래서 "과제는 무엇입니까?"라고 묻지 않고 지금 일어나고 있는 일을 묻는 편이 효과적이다.

NG

- 오늘은 고맙습니다. 갑작스럽지만 귀사의 과제는 무엇입니까?

- 뭐라고 말하기 어렵지만… 조직 풍토에 문제가 있어….

- 조직 풍토라… 범위가 넓군요! 특히 어떤….

- 그게, 커뮤니케이션이 잘되지 않는다고 할까요.

OK

- 오늘은 더 나은 조직을 만들기 위한 시간입니다. 더 나은 제안을 하기 위해 여쭙고 싶은데, 조직과 관련해 지금 귀사에서는 어떤 일이 일어나고 있나요?

- 창피한 이야기입니다만, 사실 직장 내 권력형 괴롭힘 상담이 증가하고 있고요. 젊은 사원의 이직이 일어나고 있습니다.

일어나고 있는 일을 묻는 것의 위력

왜 과제를 직접 묻는 것보다 일어나고 있는 일을 묻는 게 효과적일까. 그 이유는 과제를 물으면 '바른 과제'를 찾아내야 한다고 느끼기 때문이다. 무엇보다 제공하는 서비스 영역에서 과제를 찾아내는 것은 그 일을 직접 겪고 있는 상대방 측이 해야 하는 업무다.

이와는 달리 일어나고 있는 일이라면 장면이나 상황을 떠올리며 대화할 수 있는 데다, 담당자가 우려하고 있는 일에 저절로 초점이 모인다.

이 일어나고 있는 일을 고객에게서 듣는 것은 고객과 파트너로서 같은 방향을 향해 가는 데 매우 효과적이다. 포인트는 두 가지다.

하나는, 다른 일은 없는지 사소한 일이라도 괜찮으니 생각나는 일을 물어보는 것이다. 담당자의 표정을 살피면서 일어나고 있는 일 중에 이대로 바꾸고 싶지 않은 일은 무엇인지, 언제부터 일이 그렇게 되었는지, 그 일이 특정 방식이나 부서에서 일어나고 있는지 먼저 세세히 물어보자.

다른 하나는, 주어를 개인으로 하여 말하게 하는 것이다. 담당자의 주관이나 개인적인 느낌을 말하게 하면 상황을 제대로 인식하는 데 도움이 된다. "이건… 저만 그렇게 생각하는 건지 모르겠지만…" 하고 개인의 관점이 시작되면 앞으로의 결과가 잘 흘러갈 수 있다. 판단은 뒤로 하고 일단 다 들어주자.

43

문제에 대해 상대가 말해줬을 때

그랬습니까?

○

괜찮다면 좀 더 자세히
말해주시겠습니까?

앞의 말에서 고객이 일어나고 있는 일을 말해줬다면 이제는 고객과의 관계성을 파트너로 바꿀 기회다. 예를 들어 "사업부장이 앞으로는 심리적 안정감이 중요하다는 방침을 세웠으나, 그 사업부장이 주도하는 회의는 오히려 심리적 안정감이 낮아지고 있습니다"라고 고객이 말했다고 하자.

NG와 OK 답변은 각각 다음과 같다.

NG

- 그랬습니까? 그렇다면 연수 제안을 해야겠군요.

OK

- 그런 일이 있었군요. 괜찮다면 좀 더 자세히 말해주시겠습니까?
- 네. 지난번 사내 회의에서 부장님이 "나는 심리적 안정감이 높다고 생 각해서 의견이 있으면 말하라고 한 건데 왜 아무도 말하지 않는 거죠?" 하면서 한숨을 쉬셔서… 사실 그렇게 말씀하셔도 말하기는 쉽지 않죠.
- 그럼요. 그런 상담이 많습니다. 그렇다면….

"그랬습니까?"라고 반문하는 대신 자세하게 상황을 파고 들면 일어난 일을 더 구체적으로 알 수 있다. 자세하게 물을 수 있다면, "이번 프로젝트가 마무리되었을 때 어떤 모습이 기를 바라시나요?"라고 앞서 소개한 말로 이어가서 목표를 명확하게 할 수 있다. 이런 대화를 통해 고객과의 관계성도 깊어진다. 설령 과제가 명확하지 않은 채 미팅이 끝났더라도 일어나고 있는 일과 그 자세한 상황을 알고 돌아간다면 팀 회의를 거쳐 좋은 제안을 할 수 있다.

서로의 정보량을 갖춘다

이렇게 자세한 설명을 들으면 저절로 서로의 정보량이 채워져 적확한 제안을 하기가 쉬워진다. 고객의 마음을 얻는다는 5장의 주제에 비춰봐도 정보를 공유하면서 안건을 진행하는 건 고객과 파트너가 될 수 있는 중요한 포인트다. 그런 의미에서, 상대를 자세하게 아는 것뿐만 아니라 타이밍을 보고 자신의 회사 이야기도 자세하게 전하는 것이 도움이 된다.

이 정보량을 갖춘다는 관점은 고객만이 아닌 자사 팀에서 새 구성원을 환영할 때도 중요한 사고방식이다. 새 구성원은 아무래도 정보량이 적고 기존 구성원과는 다른 관점을 갖고 있다. 그런 다름을 환영하고 그렇게 생각한 배경을 물어 인풋과 수정을 반복함으로써 초기에는 조금 시간이 걸려도 좋은 변화를 맞이할 수 있게 된다.

정보량을 갖춘다는 관점에서 한 걸음 더 나아가 생각해

보자. 심리적으로 안전한 조직이나 팀을 목표로 하는 리더가 3장에서 다룬 일대일 등을 통해, 구성원을 이해하려고 노력하는 사례는 제법 쉽게 찾아볼 수 있다. 반면, 구성원이 리더를 이해해주는 것과 관련해서는 분명히 알아주리라 생각하고 의외로 소홀히 하는 경우가 꽤 있다. 리더 스스로 단점과 약점, 비전과 고민까지 포함하여 자신을 오픈해야 구성원도 리더를 이해할 수 있다.

사내에서든 고객이든 거래처든 일방향이 아닌 양방향으로 서로를 이해하는 것을 목표로 해야 심리적 안정감이 높은 파트너십이 시작된다.

44

담당자가 제대로 이해하지 못했다고 느낄 때

혹시 궁금한 점은 없으신가요?

○○ 님은 ~에 관해
어떻게 생각하십니까?

미팅 중에 고객이 왠지 이해하지 못하고 있다는 느낌을 받았다면, 가만히 있지 말고 의문점이나 궁금점을 말끔하게 해소해야 한다. 흔히 "혹시 궁금한 점은 없으신가요?"라고 묻는데, 사실 이 말은 '있다, 없다'의 양자택일인 질문이다. 이해되지 않는 일이 있더라도 "딱히 없습니다"라고 답한다면 그 이상의 정보를 얻기 어렵다. 그 대신 "~에 관해 어떻게 생각하십니까?"라고 질문을 바꾸면 어떻게 상황이 달라질까. 아래 예시로 살펴보자.

NG

- 지금까지 내용 중에 혹시 궁금한 점은 없으신가요?
- 아니요. 딱히 없습니다. 괜찮아요.

OK

- ○○ 님은 지금까지 한 이야기를 어떻게 생각하십니까?
- 그게… 대체로 괜찮다고 생각합니다만, 조금 궁금한 부분이 있어 이전 자료를 한 번 더 봤으면 합니다.

"궁금합니다"라고 말하면, 이해하지 못한 일이나 납득이 가지 않는 일을 직설적으로 말하는 듯한 뉘앙스가 있어 "괜찮습니다"라고 넘어가기 쉽다. "어떻게 생각하십니까?"라는 질문은 열린 질문이므로, '궁금한 것'을 묻는 것보다 답변의 폭이 넓어진다. 상대의 생각을 물으면 정보가 부족한 부분이나 이해하지 못한 부분을 다시 물을 수도 있다. 물론 "아주 좋습니다"라고 전면적인 동의를 얻을 수도 있다.

고객이 잘 이해하지 못한 것 같으면, 무심코 불안해져 "지금까지는 괜찮습니까? 궁금한 점은 없으십니까?"라고 닫힌 질문으로 밀어붙이게 된다. 하지만 고객으로부터 괜찮다는 언질을 받는 것 외에는 의미가 없다.

고객이 더 자유롭게 말할 수 있는 열린 질문으로 가능한 많은 정보를 얻는 것 그리고 고객이 '진지하게 귀를 기울여 들어주었다', '파트너로서 함께 일할 수 있겠다'라고 느끼게 하는 것이 중요하다.

미팅 마지막에 다시 돌아본다

"~에 관해 어떻게 생각하십니까?"라는 말은 미팅을 마무리할 때 마지막 질문으로도 사용할 수 있다. "지금까지 이야기하고 느낀 점은 무엇인가요?" 혹은 좀 더 친분이 쌓였다면 "오늘 여기서 따로 하고 싶은 말이나 느낀 점은 없으신가요?"라고 물어봐도 좋다.

"하루빨리 실행하고 싶다", "얼른 하고 싶다", "역시 조직을 바꾼다는 건 정말 대단한 일이라고 생각한다"처럼 다음 번에 더 나은 미팅을 하기 위한 힌트를 이 질문에 대한 답변에서 얻을 수 있다.

"어떻게 생각하십니까?"라는 말을 활용해보면 논의 내용을 진행할 뿐만 아니라, 그때까지의 논의나 회의 자체를 시선 밖에서 돌아봄으로써 다시금 의논할 내용이나 관계를 짚어볼 수 있다. 가볍게 몸을 풀면서 궤도 수정을 시도해볼 수 있는 말이다.

대화가 좀처럼 맞물리지 않을 때

지금까지 모호한 점은 없습니까?

○○ 님이 말씀하신
~는 어떤 건가요?

　미팅하면서 대화가 좀처럼 맞물리지 않는다는 느낌을 받은 적은 없는가. 사람은 자기 생각을 정확하게 언어로 표현하지 못할 수 있다. 또한 같은 말을 사용해도 상대가 자신과는 다른 의미로 사용하는 일도 종종 있다. 말하자면 서로 다른 사전을 쥐고 말하는 상황이랄까. 상대가 그 말에 담고 있는 의미를 확인하여 공통 인식을 가지는 것이 중요하다.

그럴 때 도움이 되는 말이 바로 "말씀하신 ~는 어떤 건가요?"라는 말이다. 실례가 되지 않게 상대가 제대로 이해했는지 확인할 수 있다. 때에 따라서는 상대의 가치관까지 알 수 있다.

특히 여러 사람과 미팅할 때는 "○○ 님이 말씀하신…" 이렇게 상대방의 이름을 붙이자. 이름을 부르는 것도 인정의 하나로 '말하기 쉬움' 요소가 높아진다.

- 좋은 제안을 하기 위해 다시 확인하고 싶은데… ○○ 님이 말씀하신
  헬스케어 사업이란 어떤 사업인가요?

- 건강한 분이 더 건강하게 일하도록 서포트하는 사업입니다.

- 아, 그렇군요. 여쭤봐서 다행입니다. 당연히 건강에 불안을 가진 분들
  대상이라고 생각했습니다. 대상 연령은 어떻게 됩니까?

- 20~30대 여성이 주 대상입니다. 즉 우먼헬스케어 사업입니다.

- 오! 이 부분도 확인받아 다행입니다.

- 아이고. 혹시 제대로 전달되지 않았다면 죄송합니다.

- 아닙니다. 지금까지 헬스케어 사업은 당연히 고령자 대상이어서 오해

할 뻔했습니다. 사업 내용을 다시 확인한 다음 최적의 제안을 하겠습니다.

- 제안의 윤곽이 잡혀서 다행이군요.

모호함을 없애는 것도 심리적 안정감을 높인다

당사자끼리 이러한 인식의 차이가 결국 큰 오해나 실수로 이어지기도 한다.

이를테면, 어떤 회사에서는 '연대'를 중시하여 "관련 부서와 확실하게 연대하라"는 말이 자주 오간다. 하지만 큰 진전이 있을 때만 보고하면 된다고 생각하는 상사가 있는가 하면, 정보를 실시간으로 공유해 상대방 부서의 양해를 구하고 나서 진행한다는 의미에서 이 말을 사용하는 상사도 있다. 이렇게 '연대'의 공통 인식을 갖지 않으면 '저 부서는 연대가 불충분하다', '저 부서는 과하게 우리 부서의 시간을 빼앗는다'라고 서로에게 불신이 쌓일 수 있다.

상대와의 대화에서 위화감을 느낀다면 빠른 단계에서 말의 의미를 확인해야 한다. 앞서 불분명한 것을 찾아 해결하라고 한 말과 일맥상통한다. 왜 그런 질문을 하는지 불쾌하게 생각하는 사람은 많지 않다. 그래도 만일 묻기 어렵다면 "더 나은 제안을 하기 위해 확인하고 싶습니다만"이라고 한 마디 덧붙이면 묻기가 수월할 것이다.

말의 의미를 확인하는 건 말의 엇나감이나 위화감을 해소하기 위한 필수 과정이다. 이렇게 한 번 이야기를 끝낸 다음에는 상대가 확실히 이해하게 되었다며 오히려 믿고 환영해줄 것이다. 한 걸음이 삐끗하면 오해가 생기고 분위기가 험악해져 사이가 틀어지기도 한다. 하지만 '빗나감이나 엇나감'은 있어서는 안 되는 것이 아니라, 오히려 빨리 가시화해 해소할 수 있어야 심리적 안정감이 높아진다. 외부 고객이든 사내 팀이든 마찬가지다.

46

계약을 눈앞에 두고 미팅을 진행할 때

분위기는 어떻습니까?

- -

사내에서 의견을 들었으면
하는 분이 계실까요?

미팅이 진행되어 서로 이해도 깊어지고 좋은 팀이 될 것 같은 관계가 형성되었다. 담당자도 만족해하며 계약이 바로 눈앞인데 왜인지 더 이상 진전이 없다. 그럴 때는 상대의 사내 사정 등 담당자 스스로는 컨트롤할 수 없는 어떤 일이 걸려 있는 경우가 대부분이다.

이 걸림의 정체를 해소하는 것이 중요한데 이때 "분위기는 어떻습니까?"라는 말보다 효과적인 질문이 있다. 다음 예시와 함께 살펴보자.

- 좋습니다. 저는 진행했으면 합니다.

- 감사합니다. 회사에서 특별히 의견을 들었으면 하는 분이 계실까요?

- 아, 말해도 될까요? 과장님 승인이 아직 나지 않았어요. 이제 품의를 올려야 하는데 이 안건이 통과될지 어떨지… 사실 금액이 과장님이 처음에 생각했던 예산과 조금 차이가 있는 것 같습니다.

- 저희도 가능한 힘이 되고 싶으니 필요하다면 과장님과 동석한 자리에서 설명하겠습니다. 과장님이 생각하고 계신 금액은 대략적으로 어떻게 되나요?

물론 다른 사람의 의견을 듣거나 허락받을 필요가 없을수도 있겠지만, 그럴 때라도 다음 예와 같이 대화하면 좋다.

- 사내에서 의견을 듣고 싶은 분이 계실까요?

- 아니요. 이 건은 제가 결재할 수 있으니 괜찮습니다만….

- 아, 그렇군요. 제가 실례를 했습니다.

- 제가 고민하는 것은 시기입니다. 인사이동으로 우리 부서에 새로 온 팀
  원에게 연수가 중요할 것 같아서요. 연수 시기를 내년으로 바꿀 수 있
  을까요?

- 그럼요. 시기는 물론 조정 가능합니다. 새롭게 오신 분을 주요 대상으
  로 한다면 사실 다른 제안도 있습니다.

- 계속 망설였는데 상담해서 다행이네요. 다른 제안도 자세하게 부탁드
  립니다.

　이처럼 다른 문제점을 듣게 되기도 한다. 아무튼 이런 질
문을 통해 담당자가 직면한 사람이나 일의 고민, 과제를 상
담 테이블에 올림으로써 앞서 다룬 '과제 VS 우리'의 구도를
자연스럽게 만들 수 있다. 과제를 함께 해결하는 팀이 된 것
이다. 새로 알게 된 사실이나 고민에 대한 효과적인 답을 그
자리에서 낼 수 없더라도 회사에 돌아간 후 팀에 보고하여
미팅 자료로 활용할 수 있다.

　한 걸음 더 내디딘다면, 담당자의 개인적인 생각이나 장
점을 물은 다음 "그것을 위해 함께 무엇을 해나가면 좋을까

요?"라고 공동 투쟁 자세를 갖추면 더 효과적이다.

걸림돌이라는 말 자체가 걸림돌이 된다

같은 상황에서 자주 듣게 되는 NG 말이 "무엇이 걸림돌입니까?"이다. 미팅에서 이 걸림돌이라는 말이 나온 순간, 왜인지 긴장감이 돌았던 그런 경험은 없는가. 걸림돌이라는 말이 나오면 "가격이 걸림돌이군요"와 같이 쌍방이 명확한 조건을 제시하여 협상 전쟁이 시작될 수밖에 없고 같은 방향을 향하지 못하면 대립축이 생겨난다. 걸림돌이란 말에는 그런 부정적인 작용도 포함되어 있으므로 주의하자.

이 "의견을 들었으면 하는 분이 계실까요?"라는 말을 시작으로 같은 방향을 향하는 말 걸기를 시도해보자.

47

좀 더 자세히 듣고 싶을 때

✕

역시

- -

〇

역시, 역시!

    고객이나 거래처와의 미팅에서 파트너십이 구축되면 한쪽이 제안하고 다른 한쪽이 평가하는 관계를 넘어 함께 안건을 고민하는 상황이 펼쳐진다. 다양한 아이디어가 오가는 중에 좀 더 깊은 내용이 듣고 싶을 때 사용하기 좋은 말이 "역시, 역시!"라는 표현이다.

일부러 반복해서 사용해 상대의 이야기를 독려하는 것이 포인트다. '좋아요! 좋아요!'와 같은 쓰임새랄까.

- 이번 제품은 네이밍에 신경 쓰고 싶습니다.
- 역시, 역시! 입니다.
- 타깃이 20대 전반이라 임팩트 있는 네이밍으로 SNS에서 화제 몰이를 하고 싶어요.
- 좋습니다. 다양한 안을 내어볼게요. 이를테면, 머리글자요. 알파벳으로 표현하거나 줄임말을 써보면 어떨까요?

"역시, 역시!" 다음에는 '그럴 수도 있구나', '그런 기분이 든다', '좋을 것 같다', '그런 관점도 있구나'라는 긍정적인 말이 잠재되어 있다. 이 말을 들은 상대는 자기가 한 말이 긍정적으로 받아들여졌다는 인상을 받아 그대로 아이디어를 실행하거나 더 깊이 생각하게 된다.

내가 영업사원이던 시절에 선배가 자주 "역시, 역시!"라는 말을 썼다. 고객에게도 사용하여 매우 화기애애한 분위기에서 미팅이 진행되었던 것을 기억한다.

단, 반복하는 말이나 빈도에는 주의가 필요하다. "네네"라는 반복어와 같아서 건성으로 듣고 있는 것은 아닌지 불신이나 혐오로 이어지기도 한다. 상대가 아이디어를 생각하고 그 아이디어를 공유하기 시작했을 때처럼 효과적인 타이밍을 잡아 사용해보자.

'촉진'으로 말하기가 쉬워진다

상대와의 원활한 커뮤니케이션을 위해 필요한 기술로 '액티브 리스닝active listening'이 있다. 능동적으로 듣고 적극적으로 경청한다는 의미의 용어로 코칭에서 중요시하는 기술이다. 이 액티브 리스닝 중에 '촉진'이라는 기법이 있다. 상대의 말을 받아들이고 나아가 상대의 다음 발언을 끌어낸다는 점에서 '촉진'은 '응원 말'의 기능도 겸한 '보상 말'이라고도 표현할 수 있겠다.

서로 간에 신뢰와 친분을 쌓았다면 "그래서요?", "다른 건요?"라는 짧은 말이나 맞장구도 가능하다. 그것을 사내보다는 조금 거리가 있는 미팅 자리에 응용한 말이 이 "역시, 역시!", "과연, 과연!" 같은 반복어를 사용한 '촉진'이다.

맞장구는 어디까지나 상대를 위해

본질적으로 중요한 것은 상대가 '말하기 쉬움'으로 이어지고 있느냐다. 건성인 듯한 맞장구나 템포에 어긋난 '촉진'은 오히려 말하기 어렵게 만든다. "말을 잘하는 사람은 잘 듣는 사람"이라는 말이 있듯이 심리적 안정감을 높이는 '촉진'이 능숙한 사람이야말로 잘 들어주는 사람이다. 사용하는 말과 함께 '듣는' 힘을 키우고 듣는 것을 통해 심리적 안정감이 높은 파트너십을 구축해가자.

가격 협상 등 어려운 요구 사항이 나왔을 때

어떻게든 하겠습니다

솔직히 곤란합니다

　심리적 안정감이 높은 관계라고 해도 미팅에는 당연히 협상이 따르는 법이다. 특히 가격 협상에는 고객으로부터 엄격한 요구 사항이 나오기도 한다. 영업사원이라면 계약만 이뤄진다면 어떻게든 가능한 가격으로 맞춰주고 싶어 하기 마련이다. 나 역시 무심결에 "어떻게든 해보겠습니다"라고 말하고 회사로 돌아간 경험이 있다.

하지만 가격 협상의 상황에서도 고객과 파트너가 되는 관계를 구축할 수 있다면 '나 VS 당신'의 대립 구도가 아닌 '과제 VS 우리'의 구도를 만들 수 있다.

가격이라는 과제를 함께 생각해 나가는 '우리 관점'을 가지면, 마지막에 심한 말이 오갔더라도 계약 후의 관계를 파트너십으로 바꿔갈 수 있다. 가격 협상의 자리조차 관계성을 구축하기 위한 계기로 만드는 것이 "솔직히 곤란합니다"라는 말의 힘이다.

- 이 서비스의 통상 코스 가격대는 알고 있습니다만, 예산 문제로 조금 낮춰주셨으면 하는데 가격 상담이 가능할까요?
- 아, 네. 예산은 얼마로 생각하시는지요?
- 올해 예산은 500만 원으로 생각하고 있습니다.
- 500만 원이라… 절반인 셈인데… 솔직히 곤란합니다 (온화하게)
- 그 대신으로는 뭐가 있을까요? 예를 들면….

이렇게 직설적으로 이야기하기 위해서는 용기가 필요하

다. 그래도 협상이 가능한 척하지 않고 서로에게 실제 상황을 전하는 게 고객과 심리적 안정감이 높은 파트너 관계를 구축하기 위한 중요한 단계다.

때론 실패할 용기를 갖자

지키지도 못할 약속을 해놓고 나중에 마음을 졸이거나 설득하여 억지로 계약을 종용하기보다는 고객과 진지하게 이야기하며 함께 고민하고, 그래도 어렵다면 "죄송하다. 이번은 어려울 것 같다"라고 계약에 실패할 용기를 가져야 한다. 결과적으로 그쪽이 미팅이 원활하게 진행되거나 계약이 결렬되더라도 좋은 관계를 유지할 수 있다.

"이번은 어렵지만, 귀사와 함께하기 위해 다음 분기는 열심히 예산을 확보하겠습니다"라고 말한 후 실제로 반년 후에 연락이 온 적도 있다.

자기를 오픈해야 상대도 오픈하기가 쉽다

팀 내에서 심리적 안정감을 높이려면 자기 오픈이 효과적이다. 왜냐하면, 자기 생각이나 상황을 전하면 상대가 굳이 살피거나 헤아리지 않아도 되기 때문이다. 오픈하고 이야기하면 상대의 불안이 줄어드는 효과가 있다. 이는 고객이든 거래처든 마찬가지다.

나도 미팅 자리에서 예산이나 일정 조율 같은 어려운 요구가 나오면 "솔직히 말씀드리면…"이라고 말한다(온화하게 말하는 것이 포인트다). 그러면 고객도 "그렇다면 저도 솔직히 말하겠습니다"라고 나올 때가 많다.

미팅 중에는 곤란하더라도 되도록 "회사에 가서 검토하겠다"라고 말하지 말자. 그 자리에서 자신의 의견으로 솔직히 이야기하는 것이 중요하기 때문이다. "지금 관점에서 제 생각에는"처럼 긍정적인 표현으로 자기 생각이나 상황을 전하자.

이번 장에서는 고객의 마음을 얻는 10개의 말투를 소개했다. 당신의 말로 더 내실 있는 관계가 구축되도록 꼭 활용해보기를 바란다.

일터의 언어 Tip

망해가는 팀을
재정비하는 방법

현재 팀이 부정적인 상태에서는 심리적 안정감은커녕 인간 관계가 너무 나빠진 예도 있을 수 있다. 그럴 때는 당신의 조직이나 부서 내의 한 사람, 두 사람과 대화하며 작은 팀을 만드는 한 걸음부터 내딛자. 당신이 상사나 리더의 입장이든, 혹은 부하 직원이나 신입사원의 입장이든 마찬가지다.

모두의 앞이나 상사 앞에서는 아직 심리적 안정감이 낮아 솔직하게 말하지 못하더라도 두 사람, 세 사람 앞에서는 일단 솔직하게 말할 수 있도록 하는 것이 작은 팀을 만드는 이유의 가치다.

상대가 중요하게 생각하는 것에 곱하기 3을 목표로

작은 팀을 만들 때는 무심코 경영, 상사, 회사의 험담 릴레이가 되지 않도록 주의하자. 말할 것도 없이 회사가, 제도가, 상사가 문제라고 백 번을 외쳐봤자 조직이 좋아질 리 없다. 당신이 중요하게 생각하는 것, 당신이 꿈꾸는 팀을 위해 서로 할 수 있는 일을 이야기해야 한다.

상대가 중요하게 생각하는 것에 더해 심리적 안정감의 가치를 전하면 동료를 만들기가 쉬워진다. 중요한 것을 중요하게 여기는 게 중요하다. 이른바 중요함에 곱하기 3을 목표로 하자. 심리적 안정감을 높이는 것도 낮추는 것도 결국 한 사람 한 사람의 작은 행동과 반응의 축적이다.

심리적 안정감이 낮은 팀은 일상적으로 작은 벌과 작은 불안이 주어지는 팀이다. 구체적으로는 다음과 같다.

- 인사했는데 받아주지 않았다.
- 면담을 청했더니 "스스로 생각하라!"고 말했다.
- 제안해도 "전례가 있느냐?"고 되묻는다.
- 새로운 관점을 제시했더니 분위기가 썰렁해졌다.

많은 직장에서 존재하는 이러한 작은 벌과 불안이 심리적 안정감을 떨어뜨린다. 일단 당신이 만든 작은 팀 내에서만이라도 벌과 불안을 주는 말투나 대응 방식을 바꾸자. 그리고 이 책에서 소개한 '응원 말'과 '보상 말'을 도입하자.

심리적 안정감을 깨트리는 사람이 바로 자신임을 깨달았다면
심리적 안정감을 깨트리고 팀의 생산성을 떨어뜨렸던 사람은 바로 내가 아닐까. 그런 불편한 진실을 알게 되었다면 어떻게 해야 할까. 일단은 축하한다! 그 사실을 깨닫고 인정했다면 이미 문제의 절반은 해결되었다. 바람직한 방향을 향해 행동 패턴을 고치고 스스로 궤도 수정이 가능한 리더십을 '심리적으로 유연한 리더십'이라고 한다. 그릇이 큰 리더가 갖춘 행동 패턴이다. 궤도 수정의 첫걸음은 선언과 약속이다. 심리적 안정감이 높은 팀을 목표로 하겠다고 선언한 후 이를 위해 스스로 행동을 바꾸겠다고 약속하자.

이번 장의 마무리로 한 회사가 팀을 다시 일으킨 사례를 소개한다.

부장의 주도로 과장을 끌어들여 작은 팀을 만들었다. 과장급과 이야기를 나누며 '말하기 쉬움' 요소에 관한 설문조사를 하기로 했다. "관리직에게 말을 하기 어렵다고 느낀 적은 언제인가?"라고 구성원에게 물었다.

이 조사 결과를 바탕으로 앞으로는 더 많은 기획 아이디어를 내기 위해서라도 심리적 안정감을 확보해야겠다는 생각을 관리직들이 했다고 한다. 그 실천으로 기획 설명을 들을 때면 도중에 의견을 말하고 싶은 욕구를 멈추고 일단은 마지막까지 다 들을 것을 약속한다고 '선언'했다고 한다.

그 결과, 질 높은 아이디어가 목표의 세 배 이상 나왔고 그중에 특히 견실한 아이디어를 실행에 옮겼더니 사내에서 표창을 받기에 이르렀다. 또한 다른 관리직도 성과를 기대하며 심리적 안정감에 흥미를 갖기 시작했다.

'프로젝트 진행 상황이 더디다', '큰 실수나 트러블이 발생하거나 클레임이 들어오면 쩔쩔 맨다', '지금처럼 변화가 큰 시대에 심리적 안정감을 운운할 처지가 아니다'라고 느끼는 위기 상황은 드물지 않다. 이런 상황이야말로 심리적 안정감을 구축하는 말을 사용해 팀 전원이 위기를 기회로 바꿔가야 한다.

6장

위기를 기회로
바꾸는 말투

어쩔 수 없는 사안이 발생했을 때

왜 더 일찍 알아채지 못했나요?

지금 할 수 있는 일부터 해보죠

일어나지 않기를 바랐던 트러블이나 절대로 원하지 않던 클레임이 발생했다면, 당신은 어떻게 대응하는가. 어떻게든 그 상황에서 벗어나고 싶고, 도망치고 싶고, 누군가에게 도움을 청하고 싶다는 생각이 먼저 들지 않을까. 30대 초반 내가 영업소장으로 있을 때 고객에게 혼이 난 팀원과 이런 대화를 한 적이 있다.

- 소장님, 잠깐 시간 좀… 오늘 A 고객에서 연락이 왔는데 불같이 화를
  내셔서요….

- 무슨 일이죠?

- 문의에 답변하지 못한 채로 2주가 지나버렸습니다.

- 뭐라고요? 2주 전 문의에 아직 답변하지 못했다고요? 대체 뭘 한 거죠?

- 죄송합니다. 직접 조사해봤는데 잘 몰라서 더 확실히 알아보고 연락드
  리려고 했는데 바빠서 그만….

- 왜 더 일찍 말하지 않았나요? 일찍 말해줬더라면 바로 대응할 수 있었
  을 텐데.

나는 그런 곤란한 일은 빨리 상의해주기를 바라는 마음
을 담아 엄하게 말했다. 하지만 지금 돌아보면, 영업소장이
라는 직책에도 불구하고 심리적 안정감을 높여 상의하기 쉬
운 팀을 만들지 못한 나의 아둔함을 팀원에게 전가한 말이
었다. 결국 내가 직접 고객을 찾아가 사과하고 수습했다. 하

지만, 내가 했던 행동은 팀원에게 "죄송하다"라는 말을 하게 만들어 팀원을 주눅 들게 하고 클레임 보고를 더 어려워지게 했을 뿐 고객 지원에도 재발 방지에도 팀의 성과에도 도움이 되는 행동이 아니었다.

그보다는 리더가 '일어난 일은 어쩔 수 없다', '지금 할 수 있는 일 중에 도움이 되는 일부터 하자. 그게 곤란한 상황에 대처하기 쉽다'처럼 마음을 유연하게 갈고 닦아야 팀의 분위기도 바뀐다.

OK

- 소장님, 잠깐 시간 괜찮으세요? 오늘 A 고객으로부터 클레임 건이 있어서요….
- 그래요? 한번 멈춰서 생각해봅시다. 일단 지금 할 수 있는 일부터 해보죠.
- 네. 우선 무엇부터 하면 되는지 말씀만 해주십시오.

때론 창조적 절망도 필요하다

아무리 조심한다고 해도 바람직하지 않은 상황이 발생하

는 건 막을 길이 없다. 시곗바늘을 과거로 되돌리지 않는 이상, 아무리 짜증 나는 클레임이나 사건이어도 이미 일어난 일은 바뀌지 않는다.

바뀌지 않는 일, 컨트롤할 수 없는 일을 두고 '어떻게든 되겠지' 생각하거나 고민을 내려놓는 건 앞으로 향하기 위한 절망 즉 '창조적 절망'이라고도 할 수 있다. 할 수 없는 일은 포기하고 할 수 있는 일에 주력하자. 그리고 그 일에 전력을 다하자.

바꿀 수 없는 일을 두고 "왜 가만히 있었느냐?"고 화내기보다 일어난 일은 이제 어쩔 수 없다며 모든 것을 내려놓고 포기하는 쪽이, 고객의 마음을 움직이는 데 더 도움이 된다. 앞으로 할 수 있는 일과 취할 수 있는 행동에 집중할 수 있기 때문이다.

좋지 않은 일이 일어나 감정적으로 될 때 내가 하는 간단한 대책은 '10초간 천천히 호흡'하는 것이다. 매우 간단한 방법이지만, 감정을 승화해주어 도움이 되는 행동에 집중하기 쉬워진다.

50

자포자기한 팀이 되어 있을 때

✕

의욕을 내세요!

- -

어떤 점이 곤란한가요?

　자포자기해서 해이한 팀이 되었다고 느낄 때 어떻게 하면 좋을까. 해이한 팀이란, 목표 달성이나 할당이 미달이어도 아무도 행동을 일으키지 않아 일의 기준이 낮아진 팀의 상태를 말한다. 그럴 때 무심코 구성원에게 "해이해졌어. 의욕을 내!"라고 말하고 싶겠지만, 압력을 가한다고 일의 기준이 끌어올려지는 것은 아니다.

나도 회사원 시절에 "의욕을 내!"라는 말을 듣고 "네!"라고 대답한 적이 있지만, 웃음기 가신 진지한 표정으로 일에 임하는 정도로는 하는 일이 크게 달라지지 않았다. 목표를 달성하지 못했거나 목표 달성이 어려울 것 같을 때 필요한 건 팀에서 웃음기를 없애는 게 아니다. 시간이나 노력이 더해지면 그에 비례해 성과가 보장되는 업무에서는 쓸데없는 말을 하지 않고 진지하게 임하는 방식이 의미 있을지 모른다. 하지만 지금과 같은 시대에 그런 방법은 통용되지 않는다.

이런 혼돈의 시대에 목표를 달성하는 데 필요한 것은 '오로지 열심히, 더 오래, 더 빨리'가 아니라 병목현상이 일어나는 부분을 짚어내 이를 돌파하기 위한 아이디어를 팀에서 함께 이야기하는 것이다. 심리적 안정감이 높은 팀에서는 성과를 내기 위해서라도 서로가 돕는 걸 중시한다.

- 기일을 지키지 못하는 일이 늘고 있는 것 같은데, 뭔가 곤란한 점이라도 있나요?
- 네. 사실 공정이 예전보다 복잡해져서 착수가 늦어지고 있습니다.

- 역시 그랬군요. 내가 도울 일이 있을까요?

- 감사합니다. 괜찮으시면 부탁드려도 되겠습니까?

"어떤 점이 곤란한가요?" 하고 질문을 하는 편이 "의욕을 내세요!"라고 엄하게 다그치는 것보다 구체적인 과제나 병목현상을 발견하기 쉽고 성과도 잘 나온다. 중요한 것은 심리적 안정감이 높다고 해서 기일을 타협하는 건 전혀 이점이 아니라는 것이다. 기일을 지키기 위해서라도 '말하기 쉬움' 요소를 확보하면서 팀으로서 함께 나아가야 한다.

심리적 안정감은 해이한 직장에서는 생겨나지 않는다

다시 심리적 안정감을 이해하기 위해 옆의 표를 머릿속에 넣어두자. 심리적 안정감을 두고 '부하 직원이 말하는 것을 전부 좋다고 말할 수밖에 없는 직장'이라고 오해한다면 옆의 표에서 '해이한 직장'이 될 소지가 있다.

한편, '빡빡한 직장'은 일의 기준이 높고 벌과 불안으로 컨트롤되는 직장이다. 우리의 목표는 표 오른쪽 상단의 '학습하는 직장'이다. 심리적 안정감과 일에 대한 기준이 모두 높은 팀이다.

아래 표를 보며 잠시 생각해보자. 당신의 팀은 어떤가? 구성원끼리 건전한 의견이 충돌하고 높은 능률을 발휘하며 서로 돕고 학습하는 직장을 만들어가자.

		일에 대한 기준	
		낮다	높다
심리적 안정감	**높다**	**해이한 직장** 안전하다. 일의 충실감은 없다.	**학습하는 직장** 학습하며 성장하는 직장. 건전한 충돌과 높은 능률.
	낮다	**싸늘한 직장** 쓸데없는 일을 하지 않고 오직 자기 자신을 지킨다.	**빡빡한 직장** 불안과 벌에 의해 컨트롤된다.

51

문제가 발생했으나 상황을 파악할 수 없을 때

✕

왜 이런 일이 일어났죠?

우선 일어난 사실만
확인해볼까요?

구성원의 실수나 문제가 드러났을 때 "왜 이런 일이 일어났죠?"라는 말이 불쑥 나와버리기 쉽다. 하지만, 앞에서도 자세히 설명했듯이 '왜', '어째서'에는 상대를 비난하는 뉘앙스가 있다. 게다가 비난받는 모습을 누군가 보고 있다면 다른 구성원에게도 불안이나 공포의 영향이 미치게 된다.

NG

- 부장님, 지난주 ○○사에 납품한 제품이 고장이라며 클레임 전화가 왔
  습니다.

- 왜 이런 일이 일어났죠?

- 그게···. (생각에 잠긴다.)

- 잘 모르겠어요? 그럼 어떻게 할 셈인가요?

- 죄송합니다.

"왜?"는 단 한마디 질문이지만, 사실 이 말을 들은 당사자
는 질문의 집중 포화를 받고 있다.

'지금 무슨 일이 일어났는가? 현실은? → 어떤 원인을 몇
가지 생각할 수 있는가? → 그중 가장 정확도가 높은 것은?
→ 그것을 검증할 수 있는가?' 이렇게 많은 질문에 답할 필
요가 있기 때문이다. 특히 트러블이 발생해 비난받은 직후
에는 머리가 냉정하게 움직이지 않을뿐더러, 그런 상태의
부하 직원에게 "왜?"냐고 몰아붙여봤자 문제해결로는 이어
지기 어렵다.

또한 이런 대응을 반복하면 부하 직원이 '원인과 대책을

찾은 후에 보고하자'라고 생각하게 돼 보고가 늦어지는 일
도 있다. 그보다는 보고한 구성원과 함께 상황을 파악해 나
갈 수 있도록 대화하자.

OK

- 부장님, 지난주 ○○사에 납품한 제품이 고장이라며 클레임 전화가 왔
  습니다.
- 알려줘서 고마워요. 어떤 문제가 있는지 우선 일어난 사실만 확인해볼
  까요?
- 네. 지난주 제가 납품하러 갔을 때 순서대로 작동되는지 확인했는데요.
  그때는 문제가 없었습니다. 그리고 오늘 고객이 말씀하신 건···.

"왜?"라고 이유나 원인을 묻는 대신 일단 어떤 일이 일어
나고 있는지 정확한 상황을 파악하는 데 힘쓰자. 지금 눈앞
에서 불이 났다면 이야기를 듣기 전에 소화기를 들어야겠지
만, 우리가 비즈니스에서 직면하는 문제는 대부분 소화기처
럼 곧바로 문제해결을 도와주는 도구는 마련돼 있지 않을 때
가 많다. 정확한 상황을 파악하지 않고 움직이기는 어렵다.

팀 전체가 냉정하게 대처하려면

큰 문제나 실수가 발생했다면 당신 역시 냉정함을 유지하기 어려울 것이다. 팀 만들기라는 관점에서 보면 문제 상황이 나쁜 것만은 아니다. 일어난 사건을 남의 일이 아닌 팀의 일로 처리하면 '문제 VS 우리'라는 '우리 관점'을 가질 기회가 된다. 사건이나 문제 상황을 기점으로 팀 차원에서 사실을 모아 위기를 대처하는 아이디어나 의견을 내고, 개선을 도모하는 과정을 통해 구성원 한 사람 한 사람의 심리적 안정감을 높이자. 이 과정이야말로 개인의 학습을 촉진해 변화의 시대에도 대처할 수 있는 유연하고 강한 팀을 키운다.

52

고객 클레임이 생겼을 때

고객은 뭐라고 하셨나요?

○

일단 고객에게 함께 갑시다

중요한 고객으로부터 클레임이나 꾸지람을 들으면 담당자가 동요해 팀 내에도 긴장감이 감돈다. 그런 위기를 어떻게 기회로 바꿀 수 있을까. 팀의 심리적 안정감이라는 관점에서 보면 이 상황은 '서로 돕기' 요소를 높일 기회가 될 수 있다.

- 부장님, 오랜 거래처인 T사에서 클레임이 들어왔습니다. 불같이 화를

  내며 저랑은 말을 하지 않겠다고 합니다.

- 그래요. 보고 잘했어요. 일단 고객에게 함께 사과하러 갑시다.

- 네. 죄송합니다. 부탁드립니다. (조금 안심)

일어난 사건에 어떻게 대응할지 규명하는 것은 리더의 어렵고도 중요한 일이다. 앞의 "우선 일어난 사실만 확인해 볼까요?"라는 말처럼 먼저 사실을 모아야 할까, 아니면 이번 "일단 고객에게 함께 갑시다"라는 말처럼 리더가 직접 대응해야 할까.

실제로는 이 둘을 조합해 사용하는 일이 많겠지만, '이 위기에 어떻게 대응하면 고객과 팀 모두에게 좋을까?' 이런 물음을 갖는 것만으로도 선택지가 생겨난다.

한편, 관리직 중에는 바로 도와주면 구성원이 성장하지 못한다는 의견도 내놓는다. 사안의 심각성 외에 진척도와 인재 교육이라는 세 가지 관점에서 맡길지 말지를 판단하도록 하자.

함께 사과하러 가기로 했으면, 현재 상황을 판단하는 것

이 중요하다. 때로는 담당자 이외의 구성원에게서 정보를 얻거나, 다른 부서에 협조를 구하거나, 회사나 윗선의 대응에도 협력하고 메일이나 계약서 등을 원본과 대조하는 일도 필요하다.

필요하다면 동행하고 사과할 수 있는 리더는 '안전지대'

포인트는 리더 자신이 사과하러 가고 싶은지 아닌지의 기분이 아니라, 필요하다면 리더가 동행해 사과하는 것이 언제든 선택지에 있다는 점이다. 그것이 구성원에게는 안전지대로 작용한다. 또한 이 안전지대를 활용해 사전에 "최악의 경우 실패하면 함께 사과하러 갈 테니 괜찮다"라고 말해두는 것도 좋다. 도전을 독려하는 계기를 만들 수 있다.

"대표 나와!"라고 하면 대표가 나가야 할까

중요한 고객에게 "대표 나와!"라는 말을 듣는 상황까지 내몰린다면 어떻게 해야 할까. 회사에서 '대표'는 마지막 보루다. 그때는 결단을 내려 결론짓는 일이 요구되고 때론 중요한 경영 판단도 해야 한다. 어떤 일이 일어나고 있는지 무엇을 말하고 있는지 자세한 사정을 모르는데 "당장 대표 나와!"라는 고객의 호통에, 대표에게 "부탁드립니다"라고 대응하는 것은 전혀 현명하지 못한 행동이다.

나도 "대표 나와!"라는 말을 들었던 큰 사건에 대응한 적이 있다. 고객의 관점에서는 최고 책임자와 이야기하고 싶은 마음을 이해한다. 단, 그때도 대표를 나오게 하지는 않고 나와 윗선에서 대응했다. 사실 확인을 하고 고객의 말을 받아들여 마지막에는 이해를 도울 수 있었다.

당시는 매우 힘들었고 솔직히 대표가 나와주면 수습될 것 같은 생각도 들었지만, 돌이켜보니 고객의 진짜 기분을 읽는 귀중한 기회였던 것 같다. 위기는 기회라는 말을 피부로 실감한 경험이었다.

신입사원이 실패해 자신감을 잃었을 때

그럼, 다음엔 더 분발하도록

- -

성장의 여지를 발견한 거예요.
~는 잘할 수 있게 되었고요

신입사원이나 경험이 적은 구성원은 어쩔 수 없이 스킬이나 지식, 경험의 벽에 부딪혀 실수도 하고 일이 뜻대로 되지 않아 주눅 들고 자신감을 잃기도 한다. 그럴 때야말로 팀에서 '서로 돕기' 요소를 발휘해 '도전 요소'로 이어지게 할 기회다. 그럴 때 구성원의 불안이나 나약함을 어떻게 도우면 좋을까.

> - 지난번 프레젠테이션 당시 고객의 질문에 전혀 답하지 못했습니다. 전
>   문지식이 부족함을 통감했습니다. 앞으로 잘해 나갈 수 있을지 몹시 불
>   안합니다.
> - 그 일은 성장의 여지를 발견한 거예요. 부족한 부분이 보였다는 건 성
>   장의 여지가 있다는 거죠.
> - 어쩌면 그럴지도 모르겠습니다.
> - 프레젠테이션 자료 작성은 잘했다고 생각해요. 설명 부분에서 고객의
>   반응도 좋았고요.
> - 정말입니까? 감사합니다.

물이 반이 든 컵을 보고 부정적으로 생각하면 '이제 반밖에 없어', 긍정적으로 생각하면 '아직 반이나 있어'라고 하는 우리가 잘 아는 이야기를 떠올려보자. 사실 이 말은 매사를 긍정적으로 생각하자는 의미가 아니다. 물이 얼마나 들었는지 현실을 냉정하고 정확하게 바라본 다음, 수위를 어디까지 올리고 싶은지 성장의 여지에 주목하자는 것이다. 미래

를 향해 긍정적으로 노력하고 스킬 향상을 도와주는 것이
이 성장의 여지라고 할 수 있다.

흑백사고에서 벗어난다

자신감을 잃었을 때는 흔히 '난 왜 뭘 해도 안 될까!' 하
고 과도하게 일반화해버리는 덫에 빠지기 쉽다. 가능한지
아닌지의 양자택일인 흑백사고에 빠져버린다고 할까. 이럴
때 '분명 할 수 있을 거야!', '긍정적으로 생각하자!'라는 사
고는 별로 도움이 되지 않는다. 그렇게 말해봤자 실제 성과
로는 이어지기 힘들다는 것을 알고 있는 데다, 말 한마디로
바로 생각을 전환할 수 있다면 애초에 고민 따윈 하지 않을
테니까. 차라리 아직 서툰 일도 있고 잘하게 된 일도 있다고
냉정하게 판단하고 해당 구성원이 현실을 균형 있게 바라볼
수 있도록 상사나 리더로서 서포트할 수 있으면 된다.

구체적으로는 "~는 잘할 수 있게 되었고요"라는 말처럼
잘하게 된 일을 제시하는 것이 흑백사고에서 벗어나는 데
효과적이다. 독려는 잘 못하는 것을 잘하는 것처럼 이야기
하는 것이 아니다. 못하는 현실을 받아들인 다음 그 사람이

할 수 있는 미래로 나아갈 수 있게 서포트하는 것이다. 이것은 심리적 안정감이 높아 건전한 의견 충돌이 생기는 조직이나 팀의 분위기와 흡사하다.

심리적 안정감이 높은 팀은 프로젝트에 진전이 없을 때 '성장하고 있지 않은 것 같다', '고객의 반응이 별로다'라는 불편한 현실을 팀 전체의 시선으로 바라본다. 그런 다음 '이렇게 해볼까?', '저렇게 해볼까?', '혹시 여기에 원인이 있지 않을까?' 하고 팀 모두가 의견을 충돌시키면서 앞으로 나아간다.

54

같은 실수를 반복하는 직원이 있을 때

전에도 말했잖아요.
이런 말은 하고 싶지 않지만…

함께 점검했으면 해요

때때로 구성원에게 뼈아픈 소리를 해야 하는 순간이 있다. 특히 경험이 적은 신입사원처럼 조금 더 교육이 필요한 구성원에게 그런 상황이 자주 발생한다. 이를테면 옆의 예시처럼 "보고는 간결하고 알기 쉽게 하라"고 이전에도 주의시켰는데 개선하지 않았을 때다.

- 전에도 말했잖아요. 이런 말은 하고 싶지 않지만, 보고는 간결하고 알

 기 쉽게 정리해서 올리세요. ○○ 님 스스로도 무슨 말을 하고 싶은지

 잘 모르지 않나요?

- 네. 죄송합니다. 다음부터 주의하겠습니다.

- 그래요. 주의하세요.

"전에도 말했잖아요. 이런 말은 하고 싶지 않지만…"이라
는 말은 누군가를 지도할 필요가 있는 상황에서 지극히 자
연스럽게 사용하게 되는 표현이다. 그러나 실제로 상대의
행동을 바꿔 상대가 정말 알기 쉽게 보고하도록 하는 데는
그리 효과적인 말이 아니다.

이러한 "주의하라!", "의욕을 내라!", "철저히 하라!"처럼
구체적으로 어떻게 해야 하는지 알 수 없을 뿐 아니라 마음
을 다치게 하는 키워드는 행동 변화나 인재 교육, 스킬 향상
에는 별로 도움이 되지 않는다. 그렇다면 어떻게 해야 할까?
함께 행동을 확인해야 한다.

- 함께 점검했으면 하는데, 보고할 때 무엇을 어떻게 생각하고 있나요?

- 아, 그게 워낙 다양한데… 보고할 게 너무 많아서….

- 그랬군요. 보고 내용은 어떻게 압축하나요?

- 가능한 많이 보고해야 할 것 같아서요. 그러고 보니 별로 압축은 하지 않는 것 같습니다.

- 보고를 위한 메모랄까 포맷 같은 걸 함께 만들어볼까요?

- 정말 감사합니다.

- 기본적으로는 '5W1H'로 보고하면 되니까….

이런 건 시간이 너무 많이 걸린다고 생각하는 관리직도 많지만, 실제로 엄하게 지적했음에도 행동이나 결과가 바뀌지 않는다면 그 지도는 효과적이지 못한 지도다. 적어도 지금의 방식에서 무언가를 바꿔야만 한다.

자신을 지키기 위한 갑옷을 벗어 던지자

NG 예인 "전에도 말했잖아요", "이런 말은 하고 싶지 않지만"이라는 말로 시작하는 조언은 권하지 않는다. 뼈아픈 말을 하는 리더가 자기를 지키는 갑옷으로 사용하는 말이지 그 말을 듣는 구성원의 성장을 위한 말이 아니기 때문이다.

특히 "전에도 말했잖아요"라는 말에는 한 번만에 이해하고 잘할 수 있어야 한다는 암묵적인 전제가 있다. 모든 구성원이 단 한 번만에 완전히 의도를 이해해 행동이 바뀌고 두번 다시 실수하지 않는다면 기쁜 일이지만, 현실에서는 천재 집단이라도 그런 일은 일어나지 않는다.

실제로는 확인 후에 진행하는 쪽이 실수가 줄어듦에도 불구하고 '재차 물어서는 안 된다'라며 스스로 비난하게 된다. 또 실패로 주눅 든 상태에서 "왜 제멋대로 했느냐"고 추궁당하는 일도 있다. 리더가 자신을 보호하는 갑옷을 벗어던지고 팀원과 함께 행동을 검토하는 게 얼핏 돌아가는 것 같아도 심리적 안정감을 높여 성과로 이어지는 팀을 만드는 지름길이다.

55

✕

읽어보니 어떤가요?
이 내용은 ~라서…

[침묵   ]

지금까지 누구도 상처받지 않고 성과도 높이는 일터의 언어 54가지를 소개했다. 마침내 비장의 무기를 전하겠다. 그것은 바로 일부러 침묵하는 것이다. 침묵을 왜 해야 하는지 침묵의 의미와 중요성에 대해서 마지막으로 함께 짚어 나가보자.

NG

- 지난번에 소개했던 마케팅 책 어땠나요?

- 그게… 그러니까….

상대가 머뭇거리고 있을 때 무심코 "어디가 좋았나요? 나는 특히 이 부분이 인상 깊었는데"라고 본인이 먼저 말문을 막아버리기 쉽다. 하지만 일단 상대가 침묵하도록 기다려주자. 왜냐하면 그 시간은 상대의 생각할 시간이기 때문이다. 생각하는 동안 말을 걸면 생각할 여유가 사라진다. 그렇게 되면 상대는 자기 생각을 말하기 어려워진다.

"침묵은 금 웅변은 은"이라는 말이 있다. 19세기 영국의 비평가 토머스 칼라일의 저서《의상철학》에 실린 한 문장에서 널리 알려졌다고 한다. 침묵이 이어지면 불안해져 설명을 더 하고 싶어지겠지만, 상대의 침묵에도 의미가 있으며 그것을 막는 것은 좋지 않다는 뜻이다. 영업할 때도 침묵은 계약을 성사하기 위한 중요한 과정이다.

나는 원래 침묵이 힘들어 대화가 끊기지 않도록 바로바로 이야기했었다. 영업을 막 시작한 무렵에는 프레젠테이션에서 많은 이야기를 하고 계약 이야기를 한 후 고객이 생각할 시간에 대한 배려는 추호도 없이 화제를 바꿔나갔다. 또 애써 고객이 긍정적으로 검토하고 있는데 "아직 정하지 못하셨나요?"라고 먼저 말해버리는 바람에 미팅 후에 상사가 주의를 준 적도 있었다. 그런 나도 지금은 침묵을 즐긴다. 그 시간은 내 앞의 사람이 생각하는 중요한 시간임을 이해했기 때문이다.

질문은 뇌를 움직이게 한다

질문에는 사고를 깊게 하고, 시야를 넓히고, 그 답을 찾게 하는 세 가지 효과가 있다. 상대와 이야기하고 있는 '그때'만이 아니다. 우리의 뇌는 무의식에 작용하여 그 후로도 계속해서 던져진 질문의 답을 찾는다고 한다.

"당신이 정말 하고 싶은 일은 무엇인가?"와 같은 큰 질문을 받았다면, 그 자리에서는 답이 나오지 않을 수 있다. 하지만 그로부터 3일 후 양치질하는 중에 불쑥 '그러고 보니 내가 정말 하고 싶은 일은 ○○가 아닐까?' 하고 답이 나오기도 한다. 이처럼 시간 차이로 답이 떠올랐던 경험이 분명 당신에게도 있을 것이다. 질문의 답을 뇌가 계속해서 찾아주기 때문이다.

질문의 형태로 말을 던졌다면 바로 답을 건네받을 게 아니라 침묵하자. 그런 식으로 구성원의 뇌가 계속해서 답을 찾도록 하는 것이 좋은 아이디어를 끌어내 멋진 팀을 만드는 비결이다.

이제 당신에게도 한 가지 '질문'의 형태로 말을 걸면서 마무리할까 한다.

"어떻게 말을 걸면 더 좋은 일터를 만들 수 있을까?"

그 답의 일부분은 이 책에 나타난 그대로다. 하지만 다름 아닌 당신 팀에서, 당신의 조직에서, 이 상황에서 구성원에게 어떻게 말을 걸 것인가? 그 답에 관해 나는 침묵할 것이다. 당신에게 계속해서 던지고 싶은 질문이기 때문이다.

한마디 말이 쌓여 강력한 변화를 이룬다

내가 사용하는 말과 그 말에서 생겨난 힘을 중요시한다. 나는 주택을 판매하는 영업사원으로 사회에 첫발을 내디뎠다. 대학에서 건축학을 공부했고 사람 만나기를 즐기며 상대의 기대에 부응하는 것을 좋아하는 내게 주택과 영업의 조합은 필연의 선택이었다. 의기양양하게 사회에 발을 디뎠지만, 기다리고 있는 것은 혹독한 현실이었다. 처음 3년간의 성과는 처참했다. 연간 목표의 50~60퍼센트 정도밖에 성과를 내지 못했다.

완전히 자신감을 상실한 나였지만, 4년 차에 어떤 팀으로 이동하면서 극적인 변화를 이뤘다. 그해 처음으로 목표를 달성하고 다음 5년 차에는 회사에서 최고 영업사원에게 수여하는 상을 받았다.

3년 차에서 4년 차로 바뀌자마자 내가 급격히 성장한 것은 아니라고 생각한다. 그렇다면 어떤 부분이 달랐을까. 4년 차에는 강력한 팀워크가 있었다. 팀 내에서 서로의 강점을 이해하고 그 강점을 길잡이로 함께 논의했다. 때론 약점을 보이기도 하고 차곡차곡 신뢰를 쌓아가며 팀 전원이 큰 목표를 향해 나아갔다. 지금 생각하면 심리적 안정감의 네 가지 요소가 전부 높았다.

그 후 영업 매니저가 되었을 때 나는 다시 벽에 부딪혔다. 예전에 속해 있던 좋은 팀을 이번에는 내가 만들려고 했지만, 마음처럼 되지 않았다. 당시의 나는 팀원들에게 필요 이상으로 엄해서 불안전한 팀을 만들고 있었다.

이 책에도 나오는 "왜?", "이런 말은 하고 싶지 않지만", "어떻게 된 거야?"와 같이 나무라고 따지는 NG 말만 사용하고 있었으니 심리적 안정감을 위협받은 팀원이 성과를 낼 리가 만무했다. 그러다가 겨우 깨달았다. 내가 성과를 냈을 때 팀에서 사용하던 말투는 전혀 달랐다는 사실을 말이다.

그때부터 코칭을 배우고 존경하는 상사를 본받아 다양한 말을 모색하며 팀원들을 면담했다. 그 결과, 마침내 매니저인 내가 끌어당기는 것만이 아닌 팀원 한 사람 한 사람을 스스로 움직여 '심리적으로 안전하게 성과를 내는 팀'을 만들 수 있었다.

이후 비즈니스 코치로 전환한 나에게 운명적인 만남이 기다리고 있었다. '심리적 안정감', 이 개념을 만났을 때 지금까지의 모든 경험이 보란 듯이 설명되었다. 그때부터 나는 사내 팀에서 고객과 '말'을 통해 심리적 안정감을 높이는 방법을 탐구하기 시작했다. 이 일이 나의 사명이라고 생각했기 때문이다. 시행착오를 더해가며 완성한 결과 감사하게도 많은 리더와 직장인으로부터 "도움이 되었다", "팀이 바뀌기 시작했다"라는 의견을 들을 수 있었다.

말은 때론 사람을 구하기도 하고 사람에게 상처를 입히기도 한다. 당신이 무심코 사용하는 한마디에는 힘이 있다. 구성원에 대한 관점을 바꾸고, 좋은 아이디어나 해결책을 떠올릴 수 있도록 사고를 활성화하고, 협조를 독려하고, 우리가 매일 임하는 일에 명확하게 의미를 부여하는 힘 말이다. 나는 하나하나의 말이 쌓이고 쌓여 일터를 바꿔가리라 확신한다.

이 책을 한 손에 쥐고, 당신이 그 변화를 기꺼이 만들어 나간다면 더할 나위 없는 기쁨이겠다.

회사에서 말투 하나 바꿨을 뿐인데

초판 1쇄 인쇄 2023년 6월 8일
초판 1쇄 발행 2023년 6월 21일

지은이 하라다 마사시
옮긴이 장은주
펴낸이 이승현

출판1 본부장 한수미
와이즈 팀장 장보라
책임편집 선세영
디자인 조은덕

펴낸곳 ㈜위즈덤하우스 **출판등록** 2000년 5월 23일 제13-1071호
주소 서울특별시 마포구 양화로 19 합정오피스빌딩 17층
전화 02) 2179-5600 **홈페이지** www.wisdomhouse.co.kr

ISBN 979-11-6812-653-4 03320